Trommelreise

Markus Hoffmeister

erigon
kreativ·handel·n

— Markus Hoffmeister —

Trommelreise

Lernen. Trommeln. Erzählen.

Weisheitsgeschichten der Welt
mit Trommeln und Liedern interaktiv erzählt

Impressum:

Trommelreise –
Weisheitsgeschichten der Welt mit Trommeln
und Liedern interaktiv erzählt

ISBN 978-3-9812642-7-2

1. Auflage 2011
Printed in Germany

Autor:
Markus Hoffmeister

Illustrationen:
Antonia Audick

Layout:
Julia Berghof

Druck & Herstellung:
Wodarczak Druck & Medien, Marl

Papier:
Inapa Infinity Silk
seidenmatt, gestrichen, holzfrei, weiß
0,9 Volumen
Inhalt 150 g/qm
Umschlag 350 g/qm

Druckfarben:
Pantone 4695 (braun)
Pantone 144 (orange)

Fotos:
Pauline Maria Höfener
Marcus Bleimann
Bernd Thieme
Gudrun Abel
Markus Hoffmeister

Der Erwerb des Buches ist im Buchhandel und direkt beim Verlag möglich:
erigon – kreativ handel·n · Telefon 0 23 65-8 19 46 · info@erigon.de

Inhalt

Kapitel 1 Die Reise beginnt … 11

in die Welt der Trommelgeschichten

Kapitel 2 Die Trommel erzählt … 45

Weisheitsgeschichten aus verschiedenen Kulturen

Trommelreise

Es ist 8.45 Uhr. Gleich bin ich fertig. Nur noch die Schatzkiste am rechten Ort aufstellen und meine Erzähltrommel auspacken. Wieder einmal habe ich es geschafft, den Bewegungsraum eines Kindergartens in wenigen Minuten zu verwüsten, um ihn dann in wunderbarer Weise in einen Erzählraum zu verwandeln. Denn gleich beginnt sie: die Trommelreise.

Seit einigen Jahren reise ich mit meinen Trommeln durch die Kindergärten und Grundschulen und erzähle mit den Kindern gemeinsam die uralten Weisheitsgeschichten verschiedener Traditionen und Kulturen.

Meine Begeisterung für die Djembe und das Erzählen trafen damals auf den innigen Wunsch, die wunderbaren Geschichten weiterzugeben – und zwar mit Leib und Seele, mit Herz und Verstand. Erst probierte ich das Trommelerzählen mit kleinen Gruppen und lernte, wie bestimmte Tricks und einige Grundregeln helfen können. Die unterschiedlichen Erfahrungen des Trommelerzählens formten sich langsam zu einem roten Faden. Aus diesem Faden entwickelte sich mein eigener Erzählansatz: die „Trommelgeschichten".

Hier begegnen sich die Kunst des Erzählens und Musik, Sprache und Rhythmus, Weisheit und Kultur – sie alle kommen zusammen und ermöglichen besondere Begegnungen: das gemeinsame Erleben von Kindern und die Begegnung mit anderen Kulturen.

Ich wünsche allen eine gute Reise und viel Freude beim Entdecken und Ausprobieren!

Markus Hoffmeister

Die Reise beginnt...

Trommelreise

Kapitel 1

Die Tür öffnet sich und die erste Kindergartengruppe betritt den Erzählraum. Sie erleben, schauen und staunen: die Teppiche, auf denen sie sitzen, den Vorhang , die Schatzkiste, den Gong. Doch die Augen und Ohren werden richtig groß, als ich meine Erzähltrommel vorstelle und sie zum ersten Mal leise erklingt …

Die Faszination der Trommel

Seit Urzeiten ist der Klang der Trommel rund um den Erdball zu hören. Seine Faszination ist bis heute erhalten. Denn die Trommel symbolisiert und bringt zum Ausdruck, was in jedem Menschen schlummert: der Rhythmus. Unser ganzes Leben ist in Rhythmus eingebettet. Bereits im Mutterleib hörten wir den Herzschlag der Mutter, spüren den Rhythmus beim Wiegen in den Armen des Vaters. Wir leben im Kreislauf der Sonne und der Jahreszeiten: Tag und Nacht, Sommer und Winter. Wir reisen durch das Leben auf der Suche nach dem eigenen Lebensrhythmus, der uns Kraft und Ordnung schenkt. Im gemeinsamen Trommeln verbinden wir uns mit dieser Grunddimension des Lebens.

Der Musiker Olatunji aus Westafrika beschreibt diese Erfahrung so:

„In meiner Heimat sagt man, dass Rhythmus die Seele des Lebens ist, weil das ganze Universum um Rhythmus kreist, und wenn wir aus dem Takt geraten, dann kommen wir in Schwierigkeiten. Aus diesem Grund ist die Trommel neben der menschlichen Stimme unser wichtigstes Musikinstrument. Sie ist etwas Besonderes." (Hart: 279.) Meine Arbeit mit den Trommeln hat für mich immer eine symbolische Bedeutung: Wir reisen gemeinsam durch die Welt und die Zeit und müssen unseren eigenen Rhythmus mit dem jener Menschen aus unserem Lebensumfeld in Einklang bringen. Wie unterschiedlich die einzelnen Rhythmen und die damit verbundenen Bedürfnisse oftmals sind, spiegelt sich so oft in alltäglichen Situationen wider. Wenn meine 4-jährige Tochter ihr Frühstück in Zeitlupentempo verzehrt und wir schon längst im Kindergarten sein müssten, dann sind die Nerven angespannt und der eigene Rhythmus ist aus dem Takt. Da die Suche nach dem gemeinsamen Lebensrhythmus nicht immer frohlockend ist, ist es für mich immer wieder ein besonderes Erlebnis, wenn über 250 Trommeln von über 500 Kinderhänden getrommelt werden und so nach und nach der eine Rhythmus durchklingt. In dem Moment erfüllt mich das Gefühl der Verbundenheit untereinander.

Ganz langsam steigere ich den Klang meiner Erzähltrommel, um besonders die kleineren Kinder nicht zu erschrecken und sie an die enorme Klangstärke zu gewöhnen.

Die Erzähltrommel hat einige Geschichten mitgebracht, aber sie kann diese nicht alleine erzählen. Sie kann ihre Geschichten nur mit den Kindern erzählen. Daher braucht jedes Kind eine Trommel. Und so enthülle ich die bisher verborgenen Trommeln und verteile sie.

Zauber einer anderen Welt

Meine Trommel ist eine afrikanische Holztrommel, eine „Djembe". Ihr Anblick fasziniert Kinder und Erwachsene gleichermaßen. Nicht nur, weil sie kunstvoll gearbeitet ist, sondern weil sie das Tor zu einer anderen Welt und zu fremden Kulturen öffnet. Die Trommel steht schon für sich für das ganz Andere, das Fremde. Die Sambatrommel in Brasilien ist Ausdruck purer Lebensfreude, die Schamanentrommel in Sibirien und Neuseeland begleitet die Seelen der Verstorbenen, die „Bup-Go"-Trommel in Korea führt die Zen-Mönche zu innerer Stille und die afrikanische Trommel dient den lebenswichtigen Ritualen, Zeremonien und der Kommunikation. So liegt es nahe, mit diesen Trommeln die fremden Welten zu entdecken und besondere Weisheitsgeschichten aus anderen Kulturkreisen zu erzählen.

Begeistert sitzen die Kinder vor ihren Trommeln und ich beginne mit den ersten Einstiegsritualen, um die Kinder einzustimmen.

Die Einstiegsrituale

Die Trommel des Erzählers unterscheidet sich von denen der Kinder: sie ist größer und voller im Klang. Sie schafft einen Rahmen, in dem sich die Kinder orientieren können. Mit ihr führt der Erzähler den Rhythmus, kann Variationen einspielen und die Stimmungen einer Geschichte wiedergeben. Denn ihr Klang wird auch dann noch gehört, wenn alle gleichzeitig trommeln. Deswegen nenne ich sie die „Erzähltrommel".

Zu den Einstiegsritualen gehört es, dass sich die Erzähltrommel den Kindern vorstellt. Erst ganz langsam und leise ertönt ihr Klang, dann wird der Rhythmus nach und nach schneller und die Trommel lauter. So können sich vor allem die kleineren Kinder an diese enorme Klangstärke gewöhnen und erschrecken nicht.

Auch die Trommeln der Kinder werden mit bestimmten Ritualen eingeführt. Diese helfen, dass die Kinder die Trommel „begreifen" lernen und sie in ihrer Bedeutung wertschätzen. Dazu streichen sie zuerst mit der flachen Hand darüber und fühlen ihr Naturfell. Um ihnen die ersten Töne zu entlocken, trippeln die Kinder leise mit den Fingerspitzen auf den Trommeln. Gleichzeitig vereinbaren wir ein gemeinsames Trommelsignal, welches für die gesamte Trommelreise gilt: wenn die Hände des Erzählers die Erzähltrommel verlassen, hören alle Kinder gleichzeitig auf. Dieses Signal ist für das gemeinsame Trommeln von großer Bedeutung: es schafft Orientierung. Es verdeutlicht, wann das gemeinsame Trommeln beginnt und zu welchem Zeitpunkt es endet. Je mehr die Kinder dieses Signal umsetzen, um so größer wird die Freude am gemeinsamen Trommeln und Erzählen sein. Daher üben die Kinder dieses Signal in mehreren Stufen ein:

1. Stufe: Die Kinder trippeln leicht mit ihren Fingerspitzen am Rand des Trommelfells und versuchen alle gleichzeitig aufzuhören, wenn der Erzähler das Signal gibt.

2. Stufe: Die Kinder trommeln etwas lauter, versuchen genau aufeinander zu hören und blitzartig beim Signal des Erzählers zu stoppen.

3. Stufe: Alle trommeln wild und laut durcheinander und versuchen trotzdem das Signal genau einzuhalten.

Diese Übung schafft eine enorme Konzentration für den gesamten Erzählraum und dient der spielerischen Einübung des wichtigsten Trommelsignals. Es ist ein wunderbares Erlebnis, wenn die Kinder auf diese Weise ihre Trommeln erobern.

Der ganze Erzählraum füllt sich mit Vibration. Jetzt ist der Zeitpunkt gekommen, den ersten gemeinsamen Rhythmus einzuführen. Dazu klatschen wir unsere Hände und unsere Oberschenkel richtig warm.

Die Verbindung von Rhythmus und Sprache

Als meine zweite Tochter sprechen lernte, habe ich etwas Erstaunliches festgestellt: Viele Wörter, die sie mir verzweifelt mitteilen wollte, habe ich nicht an ihrer Aussprache, sondern an ihrem Sprachrhythmus erkannt. Sprache und Rhythmus gehören zusammen.

In meiner Arbeit mit den Trommeln habe ich zwei wesentliche Grundregeln entdeckt:

Trommelwörter und Trommelsätze erleichtern das Trommeln.

Ein neuer Rhythmus wird zunächst mit einem Trommelwort oder einem Trommelsatz eingeführt. Diese werden gemeinsam rhythmisch gesprochen, mal laut und mal leise. Trommelwörter und Trommelsätze sind ganz wesentlich. Zum einen können sich Kinder wie Erwachsene Rhythmen auf diese Weise sehr gut merken und den gemeinsamen Rhythmus halten. Zum anderen sind die Trommelwörter und Trommelsätze wunderbare Elemente innerhalb der Trommelgeschichten.

Durch das Trommeln am ganzen Körper wird der Rhythmus verinnerlicht.

Das Trommeln auf den Oberschenkeln, das Stampfen mit den Füßen, das Klatschen der Hände, das Patschen auf den Backen – diese Formen der sogenannten „Bodypercussion" sind ein wichtiger Schritt, um einen neuen Rhythmus zu verinnerlichen. Dazu wird das Trommelwort oder der Trommelsatz laut gerufen. Erst dann wird der Rhythmus auf die Trommel übertragen. Die Erfahrung zeigt, je intensiver ein unbekannter Rhythmus am eigenen Körper erfahren wurde, desto leichter ist das gemeinsame Trommeln auf der Djembe.

Trommel-Rhythmen zum Einstieg

Beim Trommeln auf der Djembe unterscheide ich verschiedene Schläge.
Damit Kinder nicht überfordert werden und direkt mit viel Freude loslegen können, führe ich nur zwei Schlagformen ein:

Bass-Schlag = tiefe Note:

Die flache Hand schlägt kurz und fest auf die Mitte des Fells.
Achtung: Die Hand nicht zu lange auf dem Fell liegen lassen, sondern direkt nach dem Schlag hochschnellen. So klingt der Bass länger nach.

Slap = hohe Note:

Alle Finger einer Hand außer dem Daumen schlagen auf den Rand der Trommel.
Auch hier schnellen die Finger direkt wieder hoch.

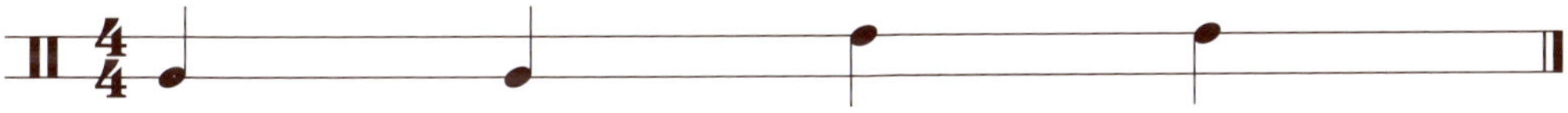

Bass - Bass - Slap - Slap

Unter den Rhythmen und einigen Liedern steht jeweils die Reihenfolge der Schläge.
Dazu dienen folgende Abkürzungen:

re = rechte Hand

li = linke Hand

zus = (zusammen) beide Hände gleichzeitig

kla = (klatschen) in die Hände klatschen

Na… auf den Geschmack gekommen? – Dann am besten gleich mal loslegen!

„Lente"

CD 1 · Nr. 1

Das Musikstück „Lente" auf der CD begleitet dich zu folgendem Rhythmus:

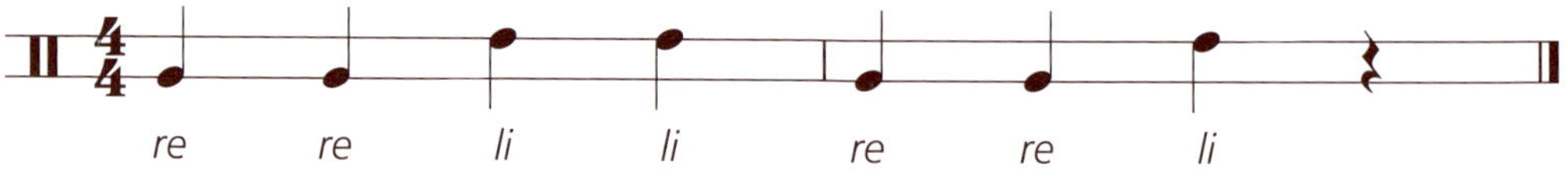

Du hörst am Anfang diesen leichten Einstiegsrhythmus und kannst direkt mittrommeln. Wenn du schon fortgeschritten bist, kannst du auch den zweiten Rhythmus ausprobieren, der bei diesem Musikstück zu hören ist:

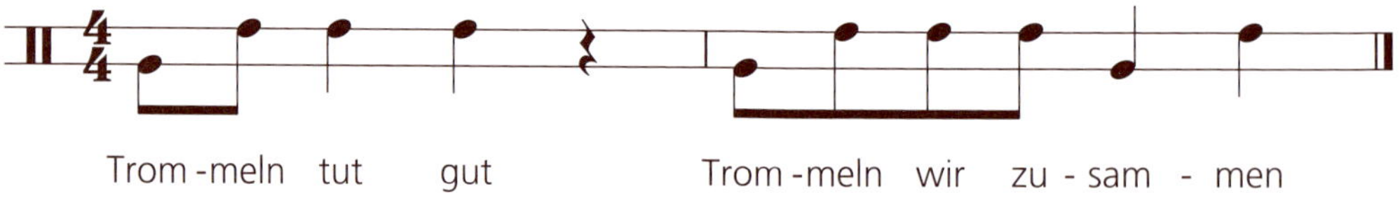

Folgende Rhythmen sind für den Einstieg besonders gut geeignet:

Wir sind gut

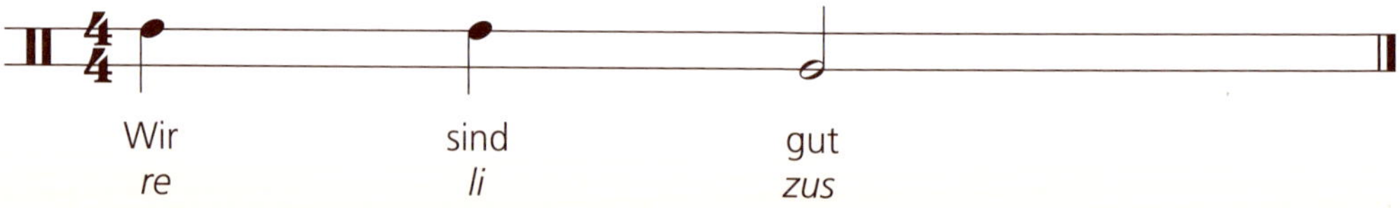

Wir sind super

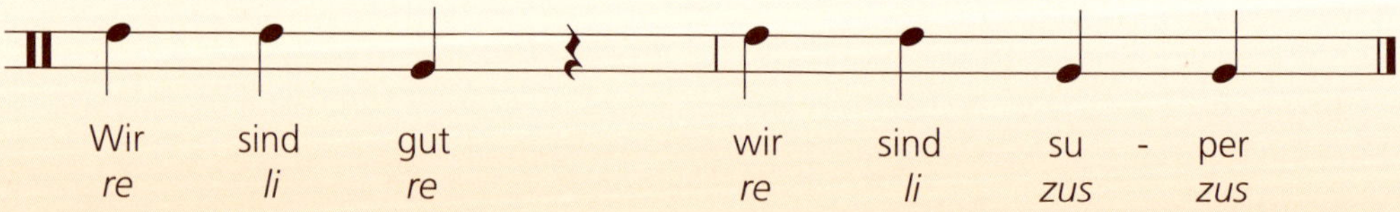

Der Trommel-Klatsch-Rhythmus

CD 2 · Nr. 10

Du möchtest diesen Rhythmus gerne mit Musik trommeln? – Kein Problem!

Diese Trommelmusik habe ich schon so oft mit diesem Rhythmus begleitet. Die Kinder trommeln zunächst den Trommel-Klatsch-Rhythmus am ganzen Körper durch (Oberschenkel, Brust, Backen, Ohrläppchen etc.) und lassen dann gemeinsam die Trommeln erklingen.

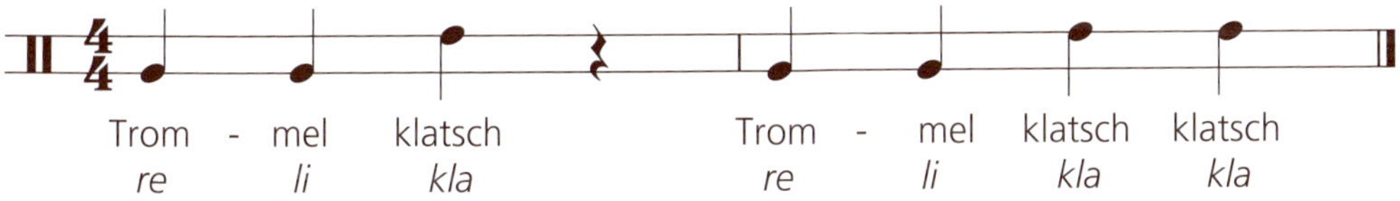

Trommeln wir zusammen

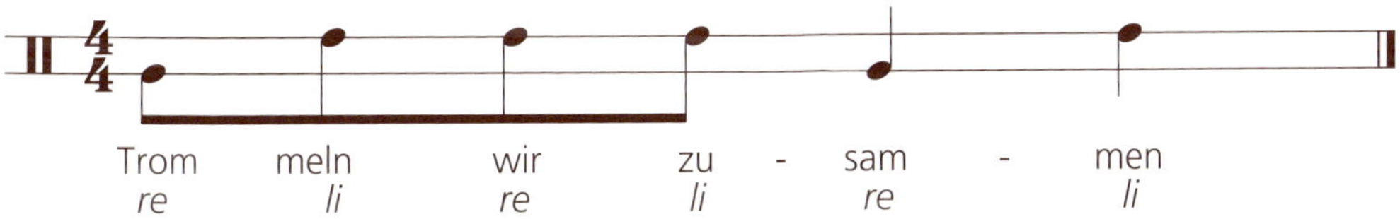

Wir sind klasse

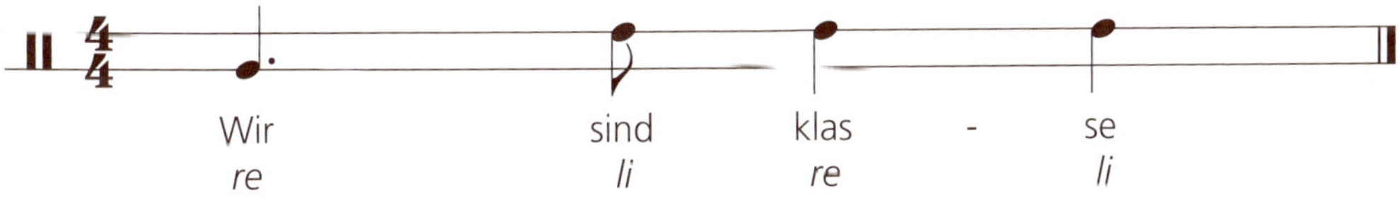

Himbeereis schmeckt fürchtbar fürchtbar lecker

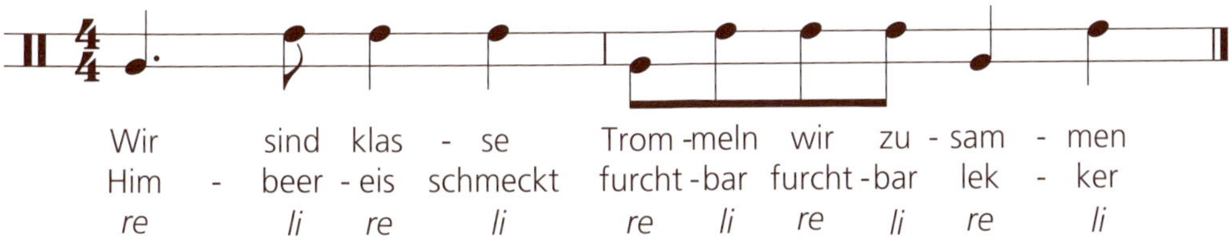

Trommeln macht richtig Spaß

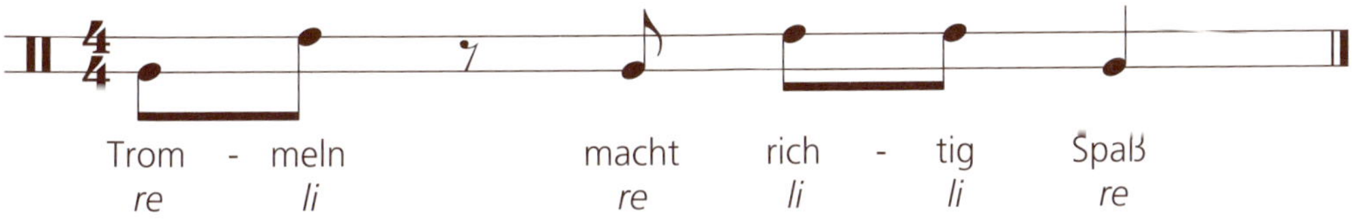

Himbeertorte schmeckt super

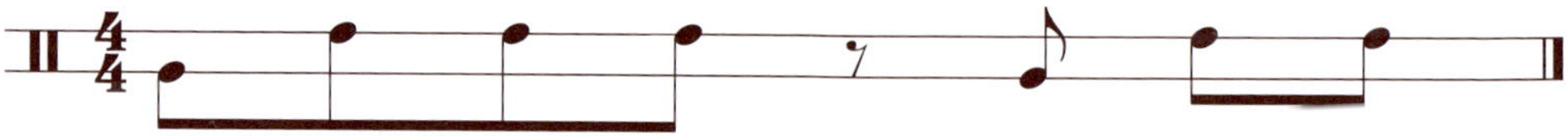

Him -	beer -	tor -	te	schmeckt	su -	per
re	*li*	*re*	*li*	*re*	*li*	*li*

Einstiegsrhythmen

Diese Rhythmen habe ich zur Übung und zum leichteren Lernen auf der CD vorgetrommelt.

CD 2 · Nr. 23

Trommeln mit dem ganzen Körper: Lieder und Übungen

Trommeln auf dem Oberkörper mit dem Patschgroove

Es geht los

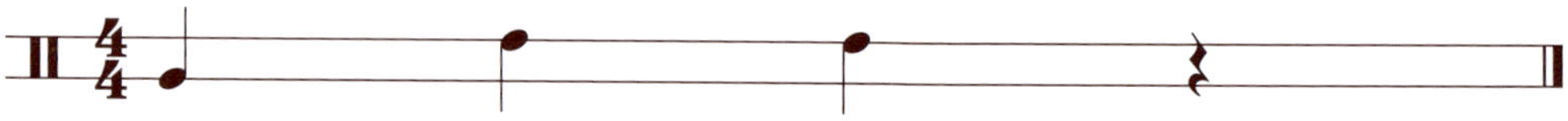

Es geht los

Die Patscher werden in folgender Reihenfolge durchgeführt:

Es	die linke Hand auf die Brust
geht	linke Hand auf den rechten Oberarm
los	linke Hand auf den rechten Unterarm

... und wieder von vorne

Es geht los - jetzt

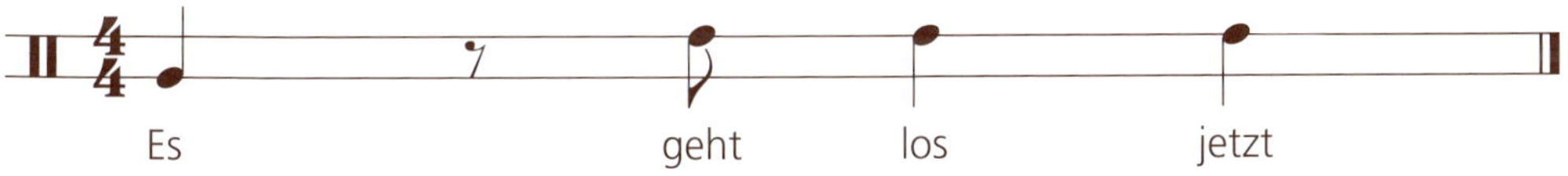

Es	die linke Hand auf die Brust
geht	linke Hand auf den rechten Oberarm
los	linke Hand auf den rechten Unterarm
jetzt	klatschen

... und wieder von vorne

Trommeln auf dem „Allerwertesten" macht ebenso Spaß!

Probiere es mal mit dem „Popoklatsch"!

Hier spielt es keine Rolle, ob man
mit der rechten oder der linken Hand anfängt.

Po	trommeln auf der Pobacke
Klatsch	in die Hände klatschen
Pa	auf den Oberschenkeln patschen

1. Variante

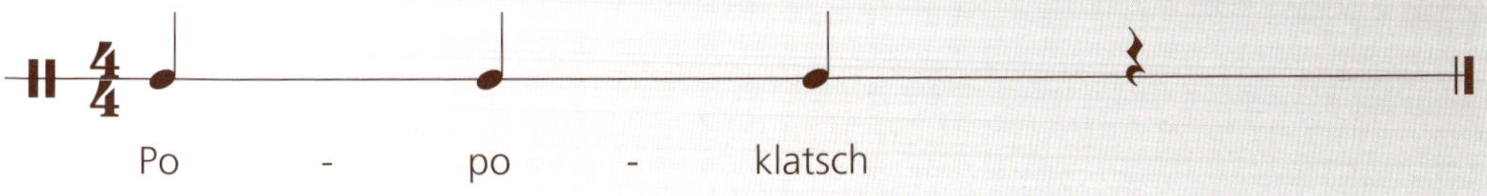

2. Variante

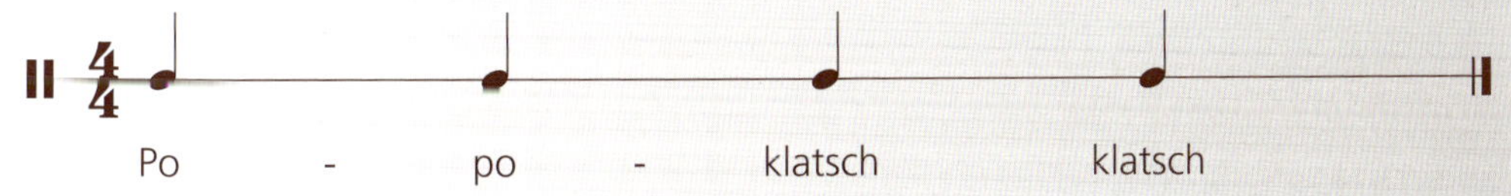

3. Variante

Bei dieser Variante klatschen die Hände und stampfen die Füße gleichzeitig.

4. Variante

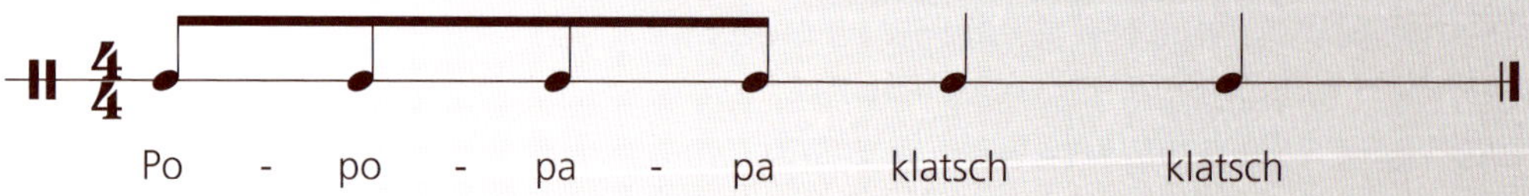

5. Variante

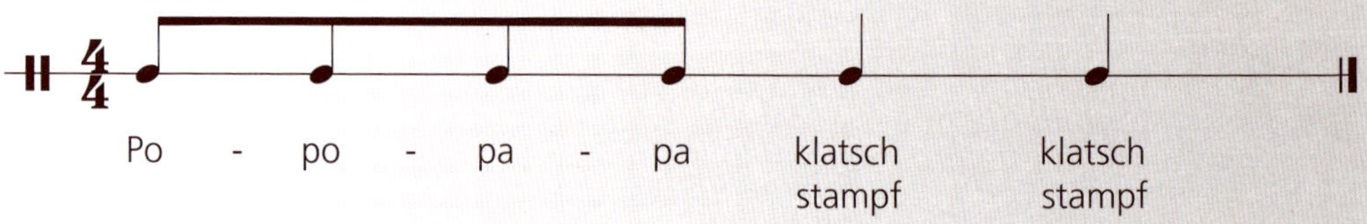

Hier wird wieder gleichzeitig geklatscht und gestampft.

CD 1 · Nr. 2
CD 2 · Nr. 1

Trommelreise-Lied - mit Bodypercussion

Dieses Lied kann mit dem ganzen Körper getrommelt werden. Es kann einfach nur gesungen, durch die Gitarre begleitet oder zur Musik-CD eingesetzt werden – aber immer mit der ganzen Körpertrommel.

Das Trommelreise-Lied – ünplügged

CD 1 · Nr. 2
CD 2 · Nr. 1

Text und Musik: Markus Hoffmeister

1. Strophe:	Trommeln auf der Brust
2. Strophe:	mit den Händen klatschen
3. Strophe:	auf den Oberschenkeln patschen
4. Strophe:	mit den Füßen stampfen
5. Strophe:	den berühmten Po-po-klatsch trommeln (siehe Seiten zuvor)

Am Ende jeder Strophe (Wiederholungszeichen) werden die bis dahin getrommelten Körperteile nacheinander wiederholt.

Ende der 2. Strophe:	auf der Brust trommeln – klatschen
Ende der 3. Strophe:	Brust trommeln – klatschen – Oberschenkel
Ende der 4. Strophe:	Brust – klatschen – Oberschenkel – stampfen
Ende der 5. Strophe:	Brust – klatschen – Oberschenkel – stampfen – Popoklatsch

Als Rhythmushilfe kann zu den Bodypercussion ein bekannter Rhythmussatz genommen werden: **Wir - sind - güt**

Die Trommel als soziales Instrument

Schon bei den ersten Ritualen und Rhythmen wird deutlich, dass die Trommel mehr als ein Musikinstrument ist. Das gemeinsame Trommeln setzt vor allem ein Aufeinander hören, das Einfinden in einen Gruppenrhythmus voraus. Es ist ein tolles Gefühl, wenn 25 Kinder den gemeinsamen Trommelrhythmus entdecken und sich dadurch miteinander verbunden fühlen. Die Trommel wirkt auf dieser Ebene sehr elementar. Sie vermittelt jedem Kind: ich kann trommeln. So wird das Selbstwertgefühl gestärkt. Gleichzeitig können sich Kinder mit Konzentrationsschwierigkeiten oder Hyperaktivität durch ihren körperlichen Einsatz in den Gesamtrahmen und das Gemeinschaftserlebnis einfinden und daran teilhaben. Auch Kinder mit Sprachschwierigkeiten durch z.B. ihren Migrationshintergrund, finden mit der gemeinsamen „Trommelsprache" für sich selbst und mit den anderen einen Ausdruck. Ich bezeichne deshalb die Trommel als ein soziales Instrument, welches das Selbstwert- und Gemeinschaftsgefühl stärkt und praktische, erlebbare Wege der Integration öffnet.

Um die Wirkung des Trommelns noch detaillierter beschreiben zu können, ist ein kurzer Ausflug in die Hirnforschung notwendig.

Unser Gehirn besteht aus zwei Hälften – auch Hemisphären genannt. Beide sind durch einen Nervenstrang miteinander verbunden und kommunizieren darüber.

Forscher haben nach eingehenden Untersuchungen festgestellt, dass die Hemisphären für bestimmte Funktionen zuständig sind und somit auch charakterisiert werden können. So steht z. B. die linke Hälfte für unseren Intellekt, analytisches und abstraktes Denken, logische Zusammenhänge werden erkannt und die Sprache gesteuert. Die rechte Hälfte unseres Gehirns ist durch Gefühle, Intuition und räumliches Denken geprägt. Hier werden Bilder und Musik aufgenommen und kreative und schöpferische Prozesse gesteuert.

Durch unsere Zivilisation besteht bei vielen Menschen eine klare Dominanz der linken Gehirnhälfte. „Die einseitige Förderung der linken Gehirnhälfte in unserem Kulturkreis hat nach den Ergebnissen der Hemisphären-Forschung eine Behinderung und Abnahme der Aktivität in der rechten Gehirnhälfte zur Folge. Abgesehen davon, dass die ständige Dominanz einer Gehirnhälfte zu Unausgeglichenheit und innerer Anspannung führen kann, werden das schöpferische Potential des Menschen und seine Fähigkeit, Probleme zu lösen, eingeschränkt. Nach neuen Erkenntnissen der Gehirnforschung ist ein harmonisches Zusammenspiel zwischen der rechten und linken Gehirnhälfte eine ganz wesentliche Voraussetzung für das Entstehen neuer Ideen, für künstlerisches Schaffen, für effektives Lernen und für originelle Problemlösungen." (Reimann, M., S 48).

Wenn wir trommeln, dann tun wir dies mit beiden Händen. Dies hat eine ausgleichende und harmonisierende Wirkung auf uns. Denn beide Hemisphären werden angeregt und kommen in Balance. Gerade beim Trommeln mit Erwachsenen kann ich immer wieder beobachten, wie sich die meisten am Anfang noch schwer tun. Sie konzentrieren sich darauf, alles genau richtig zu machen (linke Gehirnhälfte) und geraten dadurch häufig aus dem Rhythmus. Doch mit der Zeit werden sie lockerer und hören auf, alles kontrollieren zu wollen. Am Ende eines Trommeltages sind viele überrascht, wie fit sie noch sind.

Wenn ich mit den Trommeln die Weisheitsgeschichten der Welt erzähle, dann spreche ich damit nicht nur den Intellekt der Kinder an, sondern versuche auch ihre Phantasie und ihre Emotionen unter Einbeziehung des ganzen Körpers anzuregen und einzubeziehen. Deshalb ist das Trommelerzählen ein ganzheitlicher Ansatz.

Der gemeinsame Trommelruf hallt durch den ganzen Raum: „Wir sind gut – wir sind gut!“ Und je deutlicher die Kinder miteinander rufen, desto klarer wird der gemeinsame Klang unserer Trommeln. Wir haben den Rhythmus gefunden.

Nun haben wir mit den Ritualen unsere Trommel begrüßt, ein gemeinsames Signal vereinbart und den ganzen Raum mit unserem ersten Trommelrhythmus gefüllt. Jetzt ist es an der Zeit, uns auf die Reise zu machen, um mit den Trommeln eine andere Welt zu entdecken …

Trommelreise in eine andere Welt

Die Trommel symbolisiert das Tor zu fremden Ländern und Kulturen. Hinter diesem Tor wartet ein wunderbarer Schatz von Geschichten, sozusagen ein Handschlag entfernt. Er ist geborgen in den Weisheitsgeschichten dieser Welt, die wir mit den Trommeln lebendig werden lassen können.

Damit die Kinder diesen kostbaren Schatz öffnen und sich innerlich auf das Neue einstellen können, kann schon das Reisen selber die Brücke vom Alltag in die wunderbare Welt der Phantasie darstellen. Als Hinführung bietet sich die spielerische Gestaltung des Reisemotivs an. Sehr beliebt und lebendig ist zum Beispiel die Reise mit den „Wüstenschiffen":

Die Wüstenschiffe

Die Kameltreiber haben wieder einmal die große Verantwortung, die Karawane durch die Wüste zu führen. Daher müssen sie sich große Mühe geben die Kamele anzufeuern. Dies tun sie mit dem Kameltreiber-Ruf.

Es ist sinnvoll, den Kameltreiber-Ruf zuerst ohne Trommeln zu singen und dann mit den Trommeln zu begleiten:

Wenn die Kameltreiber ihre Arbeit gut gemacht haben, setzen sich die Kamele langsam in Bewegung. Dies hört sich so an:

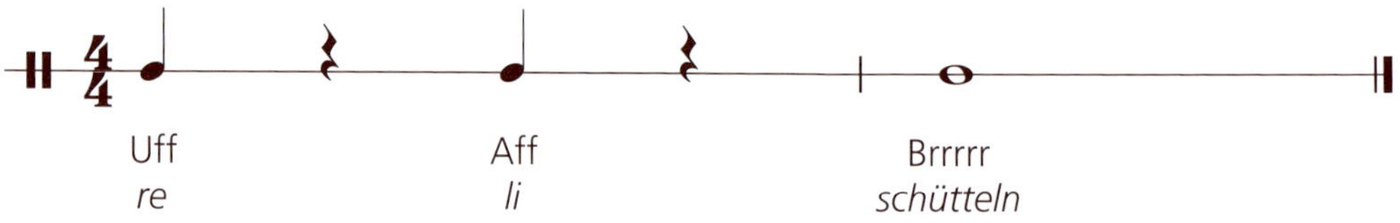

Sum Gali Gali beim Projekttag

Bei den Kamelen wird die Trommel auf den beiden Silben „Uff" und „Aff" geschlagen und bei „Brrr" heben die Kinder die Arme nach vorne und schütteln kräftig den Kopf und die Backen.

Sind beide Varianten mit den Kindern gut eingeübt, kann diese „Wüstenreise" auch im Kanon durchgeführt werden. Dazu werden zwei Gruppen gebildet. Die Kameltreiber beginnen und auf ein Zeichen hin setzen dann die Kamele ein.

Die Reise mit der alten Dampflok

Um in die Welt der Geschichten und der Phantasie zu reisen, kann auch eine alte Dampflok sehr hilfreich sein, mit der sich eine ganze Klasse oder Gruppe auf den Weg macht.

Die Kinder stellen sich hintereinander wie bei einer Polonaise auf. Alle heben den linken Arm. Die einzelnen Wagen der Lok müssen zunächst angekoppelt werden. Da diese aber schon recht alt sind, quietschen sie ganz fürchterlich. So geht der linke Arme mit einem lauten Quietschen langsam nach unten und rastet schließlich auf der linken Schulter des vorderen Kindes ein. So geht es auch mit dem rechten Arm. Sind alle gut miteinander verbunden, setzt sich die alte Dampflok langsam in Bewegung. Dazu rufen alle den Rhythmus „Jes-ses – die Hitz". Erst ganz langsam, dann immer schneller. Bei „-ses" wird das rechte Bein nach vorne und bei „Hitz" das linke Bein nach vorne gesetzt.

Hat der Zug an Geschwindigkeit gewonnen, wird der Sprechrhythmus gewechselt auf: Geht-schon-besser. Bläst der Zugführer dann noch den Kopf einer Blockflöte, ist das Dampflokreisegefühl perfekt.

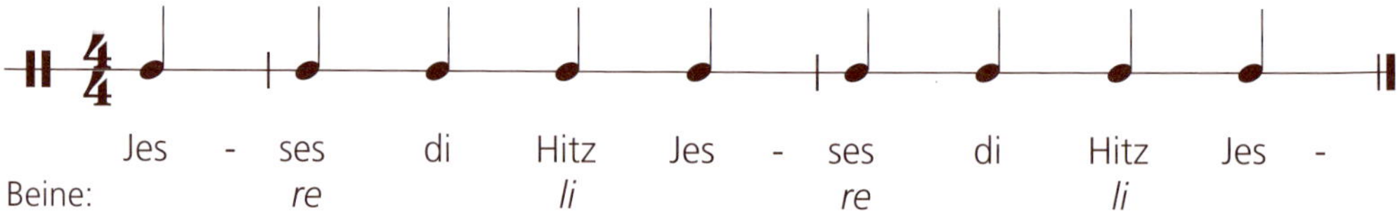

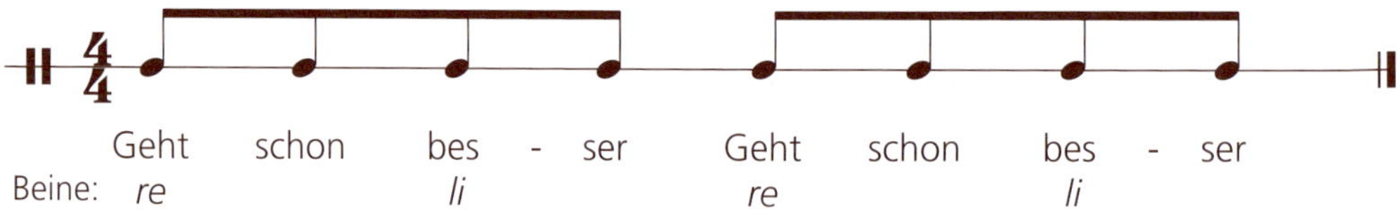

CD 1 · Nr. 3
CD 2 · Nr. 2

Ohren auf

Text und Musik: Herbert Adam

Dieses schöne Reiselied kann mit Gesten begleitet werden:

Ohren auf …	mit den Händen die Ohren aufhalten
… in tiefste Tiefen	nach vorne beugen und mit den Armen nach unten zeigen
… höchste Höh'n	die Arme nach oben strecken
… zu fernen Welten	mit der Hand über den Augen schauen wir in die Ferne
… verrückten Ideen	wie Wickie mit dem Zeigefinger an der Stupsnase reiben
… um Schätze zu finden	wir halten den Schatz in unseren Händen
… die Welt zu versteh'n	wir malen mit unseren Händen die Weltkugel

Kinder singen das Lied „Ohren auf"

Die Karawane reist durch die imaginäre Wüstenlandschaft. Die Trommeln und Rufe der Kinder werden immer leiser bis sie schließlich ganz verstummen. Das Ziel ist erreicht. Aber wo sind wir gelandet? Eine uralte Geschichte verrät es uns. Und so beginnt die Trommelgeschichte …

Trommeln und Erzählen: Zwei Dinosaurier begegnen sich

So wie in allen Erdteilen die Trommeln erklingen, so werden auch überall auf der Welt seit Urzeiten Geschichten erzählt. Ob in Japan, Irland, Nordamerika, Israel, Türkei oder Afrika, im Kaffeehaus, am Lagerfeuer, im Nomadenzelt oder Iglu: Jede Kultur hat ihre eigene Geschichte und gibt sie weiter an die nächste Generation. So haben sich sehr unterschiedliche Erzähltraditionen und Erzählformen entwickelt. Häufig sind die Unterschiede schon am Beginn einer Geschichte zu erkennen: Bei uns beginnen die Märchen mit „Es war einmal ...". In der Türkei eröffnet der Geschichtenerzähler mit „Es war einmal, es war keinmal ..." und die Ashanti in Ghana leiten mit „Ich behaupte nicht, dass alles, was ich jetzt erzähle, wahr ist. Aber so geht meine Geschichte ..." ein. In Japan erzählt der Erzähler mit einem Fächer, in Brasilien benutzt er einen Hut und einen kleinen Gong, in Afrika wird mit der Trommel erzählt und manche Griots aus Westafrika erzählen, spielen und singen mit der Kora (eine traditionelle Harfenlaute).

Manche indianischen Erzählungen beginnen mit der Formel: „Vor langer Zeit sagte mir mein Vater, was ihm sein Vater gesagt hat ...." Dieser Beginn weist auf das Wesentliche hin, was die Erzählkulturen miteinander verbindet: Es werden Geschichten über eine lange Zeit überliefert, damit Wahrheiten und Weisheiten nicht verloren gehen. Auch die nächste Generation soll wissen, was die Alten bereits gelernt haben und damit auch den reichen Schatz der eigenen Kultur erfahren und bewahren. Damit sind die traditionellen Erzählungen Träger kultureller Werte und Ausdruck der eigenen Lebenskultur. In ihnen wird die Lebens- und Glaubensweise einer Kultur lebendig.

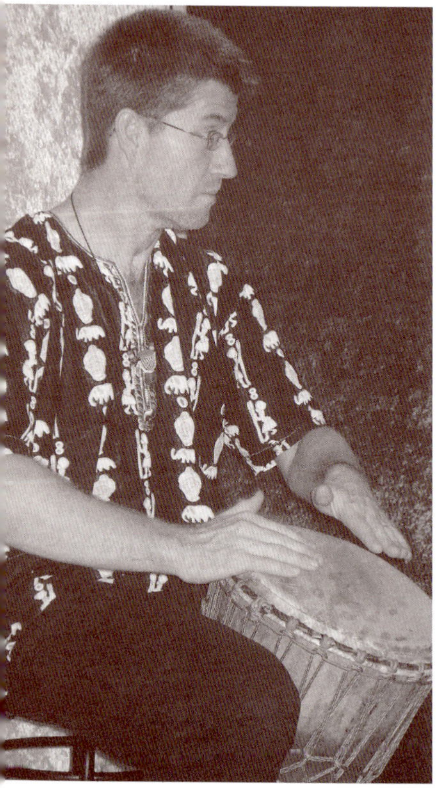

Viele dieser wunderbaren Geschichten sind bis heute überliefert und nehmen an Aktualität für unsere Zeit zu, weil sie etwas Kostbares in sich tragen. Die traditionellen Geschichten aus verschiedenen Kulturen dienen dazu, dem Menschen Sinn, Hoffnung und Freude zu schenken. Auf ernste und humorvolle Weise vermitteln die uralten Sinngeschichten Werte für ein menschenwürdiges Zusammenleben. Damit werden die Geschichten aus verschiedenen Ländern selber zu Brücken zwischen den Menschen aus unterschiedlichen Kulturen und Religionen.

Interkulturelles Lernen durch Erzählen

Wenn ich meine Reisen durch die Kindergärten und Grundschulen betrachte, fällt mir als erstes auf: bunt ist es! Kinder aus verschiedenen Ländern, Kulturen und Religionen mit unterschiedlichen Hautfarben sitzen Tag für Tag in einer Klasse, einige Kinder wachsen mehrsprachig auf, andere haben Schwierigkeiten, die deutsche Sprache zu sprechen, weil zu Hause die Sprache des Herkunftslandes gesprochen wird.

Dass die Welt in ihren Grenzen durchlässig und Deutschland ein Schmelztiegel der Kulturen geworden ist, ist für die pädagogischen Einrichtungen längst Alltag. Die Notwendigkeit des interkulturellen Lernens ergibt sich für Schulen und Kindergärten schon allein daraus, dass nur ein Miteinander der Kulturen zu einem positiven Lebens- und Lernklima führen kann.

In vielen Einrichtungen wird die kulturelle Vielfalt als Chance verstanden. So zum Beispiel in der Konzeption der Tageseinrichtungen für Kinder in Recklinghausen: „Interkulturelles Lernen führt zur Begegnung und zur aktiven, vorurteilsfreien Auseinandersetzung mit anderen Lebensweisen, Einstellungen und Religionen. Ziel dieses Lernens ist die Anerkennung und Wertschätzung von kulturellen Unterschieden und Gemeinsamkeiten. Kinder erleben sich miteinander als einen Teil dieser Welt und erfahren in einer positiven und bestärkenden Art und Weise, dass es neben „ihrer Welt" noch zahlreiche weitere „Welten" gibt." (aus: U. Braun, Die pädagogische Konzeption der Tageseinrichtungen für Kinder der Stadt Recklinghausen: www.kindergartenpaedagogik.de).

Dialog und Begegnung verschiedener Kulturen geschieht durch das Erzählen traditioneller Geschichten. „(...) Geschichten aus dem Alltag, die im Morgenkreis erzählt werden, sind wichtig – aber Geschichten aus längst vergangenen Zeiten, die Märchen und Geschichten, die in unterschiedlichen Kulturen erzählt werden, eröffnen den Kindern einen Horizont, der über die subjektiv erlebten Geschichten hinausgeht. Geschichten haben damit eine Bedeutung für die kollektive gesellschaftliche Identität. Hier werden fremde Erfahrungen mit den eigenen Erlebnissen konfrontiert und bieten Raum für das Verständnis anderer Sichtweisen." (Hoffmeister-Höfener, T: S. 18/19).

Erzähle ich beispielsweise den Kindern eine türkische Geschichte, so sind besonders jene Kinder, deren Herkunftsfamilie aus diesem Land stammt, sofort Feuer und Flamme, weil sie sich damit identifizieren. Den türkischen Kindern zeige ich durch meine Erzählung, dass ich ihre Herkunft wertschätze und respektiere. Den anderen Kindern vermittle ich durch meine Erzählung ein Stück Lebenskultur aus dieser Tradition und wecke die Neugier an dieser Welt.

Die grundsätzliche Offenheit von Kindern im Elementar- und Primarbereich ermöglicht einen konstruktiven Ansatz des interkulturellen Lernens: durch das gegenseitige Erleben und die Erfahrung des Miteinander lernen Kinder, dass das Fremde keine Bedrohung, sondern eine Bereicherung darstellt und dass es neben den Unterschieden viele Gemeinsamkeiten gibt.

Das Erzählen mit Trommeln öffnet eine weitere Ebene: Zu der Erzählsprache gesellt sich die Trommelsprache, die am Anfang allen Kindern unbekannt ist und im gemeinsamen Entdecken eine starke Verbindung untereinander schafft. Denn Kinder freuen sich, wenn sie den gemeinsamen Rhythmus gefunden haben und der ganze Raum sich damit erfüllt. Dazu müssen sie aufeinander hören und achten, sich korrigieren und neu einordnen. Beim Trommelerzählen können wir nur gemeinsam den langsam hereinbrechenden Sturm hörbar und spürbar werden lassen. Und jedes Kind versteht, um welches Tier es sich handelt, wenn alle mit der flachen Hand über das Trommelfell streichen und leise zischeln „Ssssssch!" Hinzu kommen die einfachen Lieder, die in afrikanischer, indianischer oder türkischer Sprache in die Geschichten hineingesungen und von allen Kindern erst erlernt und dann geschmettert werden. In den Momenten haben alle Kinder die gleichen Voraussetzungen und die Herkunftsländer spielen keine Rolle.

Eine Trommelreise an einer Grundschule im Ruhrgebiet war eingebettet in einen Projekttag zum Thema „Die Weltreligionen". Vertreter verschiedener Konfessionen waren eingeladen, um den Kindern einen Einblick in ihre Glaubensgemeinschaft zu vermitteln. Bei einer Trommelerzählrunde reiste ich mit den Kindern in den Orient und erzählte eine Geschichte aus der Glaubenswelt des Islam. Der Imam der muslimischen Gemeinde – eine stattliche Erscheinung in traditioneller Kleidung – war ebenfalls in dieser Runde anwesend. Mir war etwas mulmig zumute, weil ich nicht genau wusste, wie er auf meine Art des Erzählens und auf meine Interpretation der Geschichte reagieren würde. Am Ende der Erzählung habe ich mit den Kindern ein Lied gesungen und getrommelt, wo die Pointe der Geschichte zum Ausdruck kam: „Vor Gott sind alle gleich!"

Nach dem Lied stand der Imam plötzlich auf (er war der Einzige, der aufstand) und klatschte in die Hände. Die Kinder schauten sich alle erstaunt um und der Imam lächelte.

Erzählen in Kindergarten und Grundschule

Wenn unsere Familie zu Hause am Mittagstisch sitzt, wird erzählt. Meine Töchter erzählen von allen möglichen Dingen, die sie erlebt haben und schon beim Erzählen merkt man, dass jedes Erlebnis zu einer kleinen Geschichte wird. Sie erzählen es so, dass ich auch richtig zuhöre, denn das ist ja ihr Ziel: dass ich verstehe und teile, was sie erlebt haben. Erzählen ist eine grundlegende Lebensäußerung, die das Zuhören und somit das Gegenüber voraussetzt. Damit wird schon deutlich, dass das Erzählen keine Einbahnstraße ist, sondern eine Kreuzung: Wir begegnen einander beim Erzählen, ich versuche dir mit meiner Stimme, mit meinen Gesten und mit meinen Augen zu vermitteln, was mich bewegt. So kommen wir in Kontakt. Damit wird eine wesentliche Grunddimension angesprochen: Erzählen ist immer Kommunikation und soziale Interaktion. „Im Erzählen kommt ein Weiteres hinzu, das beim Vorlesen nur eingeschränkt seine Wirkung entfalten kann: der Blickkontakt und die Möglichkeit, sensibel und spontan auf situative Reaktionen der Kinder einzugehen. (...) Mit den Augen holt der Erzähler die Zuhörer zu sich, über die Augen lässt er sie an der von ihm geschaffenen Welt des Abenteuers teilhaben, nein: gemeinsam mit den Zuhörern lässt er diese Welt entstehen." (Wardetzky, K./Weigel, C., S.42).

Aus dieser Grunddimension lassen sich für das Erzählen im Kindergarten und in der Grundschule wichtige Aspekte ableiten:

Erzählen fördert Sprache

Die Wirkung des Erzählens für die Sprachentwicklung zeigt ein besonderes Projekt (vgl. Wardetzky,K./Weigel, C., 2008): Drei Geschichtenerzählerinnen erzählten an einer Berliner Grundschule über mehrere Monate zweimal wöchentlich Märchen. Die Schülerinnen und Schüler stammten aus 27 Nationen, viele konnten die einfachsten Wörter der deutschen Sprache nicht verstehen. Ziel war es, über das Erzählen die Kinder selber zum Geschichtenerzählen zu ermutigen. Die Anfangssituation wird so geschildert: „(...) Die Kinder bewegen sich teilweise in vier verschiedenen Sprachen. Diese Verwirrung macht sie in vielen Situationen tatsächlich ‚sprachlos', d.h. hilflos und verhindert vielfach, verbal situationsadäquat reagieren zu können. Dies führt vermutlich nicht selten zu körperlichen Ersatzhandlungen, um diese Hilflosigkeit kompensieren. Deshalb ist die Arbeit an der deutschen Sprache eine zentrale Voraussetzung gelingender Integration." (Wardetzy, K./Weigel, C. S. 37) Das Ergebnis des Projektes hat viele verblüfft: Nach einem Jahr erzählten die Schülerinnen und Schüler umfangreiche Märchen im Detail nach und erfanden selber eigene Geschichten. Ihr Wortschatz hatte sich wesentlich erweitert, die Grammatik verbessert und die Lust am eigenen Fabulieren wurde geweckt.

Dieses Ergebnis hat sich in dem Projekt „Erzählwerkstatt" in den Kindergärten Ludwigshafens (vgl. Hoffmeister-Höfener, 2009) bestätigt.

Erzählen fördert Phantasie

Wenn ich beim Erzählen in eine Figur schlüpfe, indem ich z.B. meine Stimme verstelle, höre ich manchmal von den Kindern: „Du bist das, oder?" Durch das freie Erzählen versuche ich die Vorstellungskraft der Kinder anzuregen, damit sie sich mit mir in den Bildern der Geschichte bewegen. Die Trommeln unterstützen diesen Phantasiebildungsprozess, indem die Kinder mit mir erzählen und durch die Trommeln selber in die Figuren und in die Atmosphären hineinschlüpfen. Diese inneren Phantasiebilder ermöglichen eine Bewegung von innen nach außen: Aus meiner Phantasie heraus entwickle ich eine Idee und setze sie im Spiel um. So werden Kinder angeregt, durch ihre Phantasie das Leben spielerisch auszuprobieren und zu „üben". Durch die Konsumierung vieler Medien ist bei vielen Kindern eher die Bewegung von außen nach innen zu beobachten. Fertige Bilder fluten durch Fernseher, Computer und Spielekonsolen in die Köpfe der Kinder, die diese dort erst einmal verarbeiten müssen. „Das Kinderzimmer der Fantasie ist bereits überfüllt. Hier gilt es, einen Freiraum für die eigene Fantasie zu schaffen oder die Kraft der eigenen Vorstellungskraft überhaupt erst zu entdecken. Die Fähigkeit zur Imagination ist eine wichtige notwendige Kompetenz, um später geschriebene Botschaften verstehen oder kreative Ideen entwickeln zu können." (Hoffmeister-Höfener, T., 23).

Erzählen fördert Aufmerksamkeit und Konzentration

Nach meinen Erzählrunden bekomme ich oft als Feedback zu hören: „Dass der so lange zuhören konnte ...!" Und ehrlich gesagt: Wenn die Kinder manchmal in den Erzählraum stürmen, bezweifle ich am Anfang manchmal, ob sie es wohl schaffen, richtig zuzuhören. In der Verbindung Trommeln und Erzählen besteht jedoch die Möglichkeit, die Kinder selber in das Erzählen mit einzubeziehen, so dass sie aktiv am Gestaltungsprozess beteiligt werden. Mit diesem Wechselspiel aus Ruhe und Dynamik, Anspannung und Entspannung gelingt es, Kinder über einen für sie ungewohnt langen Zeitraum in die Welt der Phantasie mitzunehmen. Hinzu kommen die Möglichkeiten des Erzählers, situationsbezogen auf die Kinder einzugehen und z.B. allein durch die Veränderung der Stimme die volle Aufmerksamkeit zu gewinnen. In dem oben erwähnten Berliner Projekt konnte durch das regelmäßige Erzählen etwas Wichtiges festgestellt werden: „Besonderes Gewicht kommt dem Transfereffekt zu, der sich dabei einstellte: Im regulären Unterricht zeigten sich die Lehrer/innen verblüfft über die gewachsene Fähigkeit der Kinder, zuzuhören, statt lediglich hinzuhören. „Hinhören", so eine der am Projekt beteiligten Lehrerinnen, „das tun sie. Das kennen sie von zu Hause: ‚Mach das ... lass jenes ... hör auf ...' Hinhören und Abschalten, das ist der

Alltag in den Familien. Aber jetzt kann man richtig sehen, wie sie beim Zuhören anfangen zu denken! „Zuhören als unabdingbare Voraussetzung schulischen Lernens – auch das ist über Erzählen vermittelbar!" (Wardetzky, K./ Weigel, C., S. 68).

Erlebnis am Anfang

Es war eine meiner ersten „Trommelreisen" im Kindergarten. Am Morgen kam die erste Kindergruppe herein – ca. 25 Kinder unterschiedlichen Alters. Ich hatte mich ihnen vorgestellt und wollte gerade meine Einstiegserzählung beginnen, da begann ein Mädchen hin- und herzuschaukeln und machte dabei ziemlich ungewohnte Kehllaute. Die Kinder drehten sich alle um. Was ich gerade erzählte, war in dem Moment egal. Ich dachte: „Oh, oh, das wird ja interessant!" Ein Erzähler, dem keiner zuhört, hat ein Problem. Als die Trommeln zum Vorschein kamen und die ersten Klänge den Raum erfüllten, war dieses Mädchen augenblicklich wie verwandelt. Sie saß ganz ruhig vor ihrem Instrument und trommelte mühelos jeden Rhythmus, den ich vormachte. Sie war die Meistertrommlerin. Der Erzählung folgte sie mit Konzentration – immer in Erwartung, wann die nächste Trommelaktion beginnen würde. Am Ende ging sie völlig entspannt aus dem Raum. Erst danach erfuhr ich, dass es sich um eine integrative Einrichtung handelte und die Erzieherinnen lange überlegt hatten, ob das Mädchen an den Erzählrunden teilnehmen könne. Sie war den ganzen Projekttag dabei – und sie war die Meistertrommlerin.

Trommelgeschichten selber entwickeln

Trommeln und Erzählen – zwei Urformen stoßen aufeinander und verbinden sich zu einer interaktiven Erzählweise. Dass das interaktive Erzählen nicht außergewöhnlich ist, zeigt uns beispielsweise die afrikanische Erzählkultur. Beim Geschichtenerzählen sind dort alle Anwesenden beteiligt. Mitten in der Erzählung stimmt der Erzähler ein Lied an, welches dann von allen im Wechselgesang mitgesungen wird. Der Erzähler erwartet dort von seinem Publikum stets auch laut bekundete Zustimmung oder Ausdrücke des Staunens. Diese interaktive Erzählweise kommt Kindern besonders entgegen, weil sie so in ihrem unmittelbaren Drang nach Bewegung und spontanen Reaktionen angesprochen werden und mit Leib und Seele in die Welt der Geschichten mitgenommen werden.

Die Trommel ist hier eine wunderbare Ausdrucksform, die das Erzählen mit allen zu einem Erlebnis werden lässt.

Viele Weisheitsgeschichten laden aufgrund ihrer Dramatik und fantasievollen Handlung dazu ein, interaktiv mit den Trommeln erzählt zu werden. Die Kunst ist es, Stimmungen, Gefühle, örtliche Besonderheiten und reizvolle Charaktere einzelner Figuren innerhalb einer traditionellen Erzählung aufzugreifen und in ein gemeinsames interaktives Erlebnis zu verwandeln.

Dieser Prozess der Umformung soll nun am Beispiel eines traditionellen Erzählmotivs aus der Antike verdeutlicht werden: „Der Löwe und die Maus". Dieses Erzählmotiv geht auf den griechischen Dichter Äsop (6. Jhd. v. Chr.) zurück, wurde aber im Laufe der Jahrhunderte vor allem in den muslimischen Wüstenländern überliefert.

Ein Löwe, der in seiner Höhle schlief, wurde von einer Maus geweckt, die über sein Gesicht lief. Er verlor die Beherrschung und ergriff sie mit seiner Pfote und war kurz davor, sie zu töten. Die erschreckte Maus bettelte erbärmlich, dass er ihr Leben verschonte. „Bitte lass mich gehen", weinte sie, „und eines Tages werde ich dir deine Freundlichkeit zurückzahlen."

Der Gedanke, dass ein so unbedeutendes Wesen je in der Lage sein könnte, etwas für ihn zu tun, belustigte den Löwen so sehr, dass er laut lachte, und sie gutgelaunt gehen ließ. Aber schließlich kam die Gelegenheit der Maus.

Eines Tages verfing der Löwe sich in einem Netz, das zum Spaß von einigen Jägern gespannt worden war, und die Maus hörte und erkannte sein Ärgergrollen und rannte herbei. Ohne lange zu fackeln, begann sie zu arbeiten und zernagte die Seile mit ihren Zähnen, und befreite den Löwen nach kurzer Zeit.

„Da!" sagte die Maus, „Du hast mich ausgelacht, als ich versprach, es dir zurück zu zahlen: aber jetzt siehst du, sogar eine Maus kann einem Löwen helfen."

(Originalübersetzung aus dem Griechischen)

Da es beim Trommelerzählen um traditionelle Weisheitsgeschichten geht, liegt uns in der Regel auch eine Textfassung vor. Um daraus eine Trommelgeschichte zu entwickeln, die gemeinsam interaktiv erlebt werden kann, ist es notwendig, die vorliegende Textfassung oder den Originaltext zu verändern. Schon hier beginnt die eigene Interpretation und die Auseinandersetzung mit einer Urerzählung. Wie sehe ich die

Hauptfiguren und wie stelle ich sie mir vor? Was möchte die Geschichte in meinen Augen vermitteln und worin liegt die Pointe? – Diese Entwicklungsphase ist kreativ und macht mir stets besonders viel Freude.

Bei der Entwicklung einer Trommelgeschichte steht am Anfang stets die Frage, wie die Hauptfiguren der Erzählung charakterisiert und ausgedrückt werden können, denn sie sind es, mit denen sich die Kinder identifizieren, freuen, ärgern oder Abenteuer bestehen. Diese Hauptfiguren mit den Trommeln aktiv zu gestalten und emotional zu erleben, bedeutet, in die Erzählung selber einzusteigen und den Verlauf mitzuerzählen. Dies kann zum Beispiel durch entsprechende Trommelrhythmen und Trommelsätze geschehen.

In unserer Geschichte spielt ein Löwe die Hauptrolle. Um diese Hauptfigur zu charakterisieren und ihre Bedeutung zu unterstreichen, wird zum einen der Originaltext verändert und zum anderen der Löwe mit einem besonderen Trommelrhythmus und einem der Figur entsprechenden Trommelsatz begleitet:

Trommelgeschichte

Unsere Erzählung führt uns in ein Land, wo der König der Tiere lebt. Mit seinem stolzen Gang spaziert er durch die Steppe. Seine riesigen Pranken jagen jedem Tier Angst und Respekt ein. Seine dichte Mähne umrahmt seinen Kopf wie eine Krone.

Hier kommt er: Der Löwe:

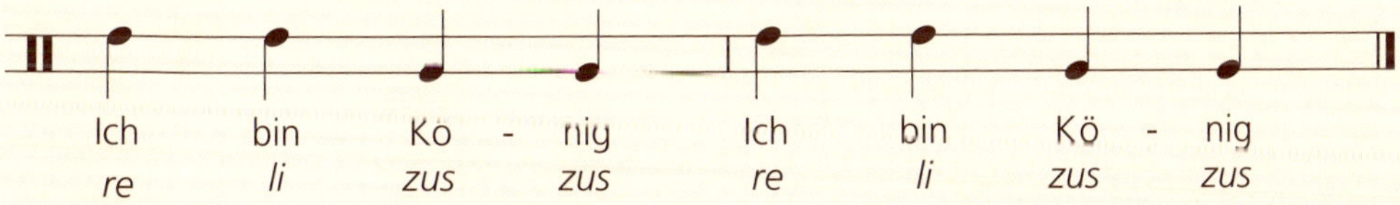

Die Gestaltung einzelner Figuren mit Trommelrhythmen und Trommelsätzen kann sehr unterschiedlich aussehen. In der biblischen Erzählung „David und Goliath" beziehen sich zum Beispiel die Trommelsätze zur Figur des Goliath unmittelbar auf die Bedrohung, die er ausstrahlt.

Die Erzählerin stimmt einen 4/4-Takt an und alle Kinder trommeln den Rhythmus mit.

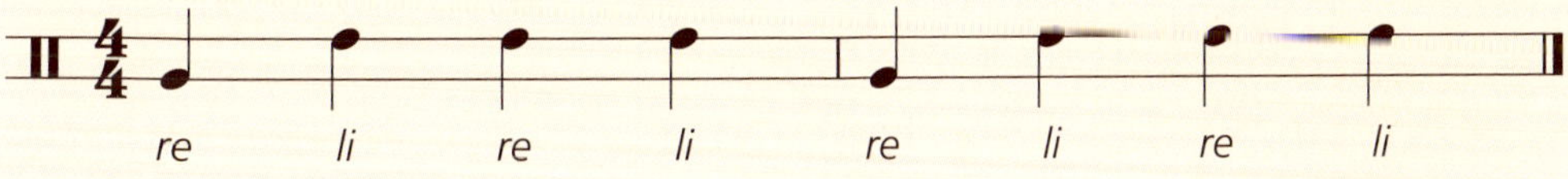

Dann spricht die Erzählerin in diesem Rhythmus jeden einzelnen Trommelsatz vor und alle sprechen und trommeln jeweils diesen Satz nach.

Auch die weiteren Handlungen der Hauptfiguren können ebenfalls mit den Trommeln nachempfunden und umgesetzt werden. Am Anfang der Geschichte „Der Löwe und die Maus" legt sich der Löwe schlafen.

Als die Sonne am Höchsten stand, war die Zeit für ein kleines Mittagsschläfchen gekommen. Und so legte der Löwe sich gemütlich unter einen Feigenbaum und schlief sofort ein.

Alle drehen die Trommel um und schnarchen laut in den Hohlraum der Trommel hinein. Da der Hohlraum der Resonanzraum ist, ergibt dies eine eindrucksvolle verstärkte Akustik.

Im weiteren Verlauf der Geschichte wird die zweite Hauptfigur eingeführt: die Maus. Auch sie wird auf der Trommel charakterisiert und dargestellt.

Da kam plötzlich ein ganz kleines Tierchen angetrippelt.

Die Erzählerin trippelt zunächst alleine mit ihren Fingerspitzen von einem Rand der Trommel zum anderen. Die Kinder raten, um welches Tier es sich handeln könnte.

Es war eine kleine Maus. Sie krabbelte voller Spaß auf dem Bauch des Löwen herum. Mal hierhin, mal dorthin.

Nun trippeln alle Kinder mit ihren Fingerspitzen kreuz und quer über die Trommel.

Es ist jedes Mal faszinierend, dass die Kinder allein durch das leise Trippeln auf der Trommel die Maus als das passende Tier identifizieren. Somit wird deutlich, dass nicht nur Trommelrhythmen und Trommelsätze eine Figur charakterisieren können, sondern auch bestimmte Klänge und Geräusche der Djembe.

Eine weitere Herausforderung in der Entwicklung von Trommelgeschichten besteht in der Umsetzung von Spannungsverläufen und besonderen Stimmungen. Dies kann zum Beispiel auf der Trommel mit dem Laut-Leise-Prinzip eindrucksvoll umgesetzt werden. In dieser Geschichte geht die Spannungskurve steil nach oben, als der Löwe im Netz der Jäger gefangen wird. Dieser Moment kann mit dem Laut-Leise-Prinzip durch die Trommeln auf besondere Weise mit dem ganzen Körper erlebt werden.

Es war wieder die Zeit für ein kleines Mittagsschläfchen und der Löwe spazierte geradewegs auf seinen Lieblingsbaum zu. Was der Löwe aber nicht sah, war, dass dort ein riesiges Netz hing.

Hier beginnt mit allen Kindern ein ganz leiser Trommelwirbel, der bis zum nächsten Trommelimpuls beibehalten wird.

Und der Löwe kam seinem Baum immer näher.

Die Erzählerin steigert auf ihrer Erzähltrommel langsam die Lautstärke des Trommelwirbels und alle Kinder steigen ein.

Und der Löwe kam seinem Baum noch näher.

Der Trommelwirbel wird noch lauter.

Und der Löwe stand unter seinem Baum – er schaute noch nach oben – doch da fiel das Netz herunter. Der Löwe saß in einer Falle.

Der Trommelwirbel wird noch lauter und endet plötzlich.

Der Löwe ist gefangen und die Geschichte bewegt sich immer mehr auf den Höhepunkt zu. Diese Spannung darf gespürt, gehört und gemeinsam ausgedrückt werden. Die Trommeln schaffen hier eine Brücke: Die Kinder sind nicht mehr allein Zuhörer, sondern erzählen selber mit. Die Erzählerin ist in vielen Momenten einer Trommelgeschichte die Impulsgeberin, die eigentliche Stimmung, die in dieser Geschichte zum Ausdruck kommen soll, kann aber nur gemeinsam mit den Trommeln umgesetzt werden. So zum Beispiel die Reaktion des Löwen, als er seine Gefangenschaft erkennt:

Und der Löwe brüllte ganz fürchterlich.

Die Kinder drehen erneut ihre Trommeln um. Die Erzählerin zählt bis „3“, dann brüllen alle wie ein Löwe in den Hohlkörper hinein.

Wer schon einmal mit 30 Kindern auf diese Weise einen Löwen hat brüllen hören, der weiß, dass die Dramatik in der Erzählung für alle spürbar wird.

Viele Weisheitsgeschichten möchten eine Botschaft oder einen Wert vermitteln, damit unser Leben in dieser Welt gelingt. Trommelrhythmen und Trommelsätze helfen, diese Botschaft auf ganzheitliche Weise zu vermitteln.

Diese Trommelsätze findet man nicht immer in den Geschichten selber. Man muss sie mit eigenen Worten formen. Damit vollzieht sich zugleich eine eigene Deutung. Wie verstehe ich die Geschichte? Welche Botschaft ist für mich darin enthalten? Und wie kann ich diese Botschaft ganzheitlich vermitteln? Die Beispielgeschichte „Der Löwe und die Maus“ könnte zum Beispiel so verstanden werden, dass sie ermuntern möchte, jedem Menschen mit Respekt zu begegnen und an die Fähigkeiten des anderen zu glauben, damit diese sich zum Wohle aller entfalten können. In Rhythmik und Liedrufe umgesetzt kann diese Botschaft so aussehen:

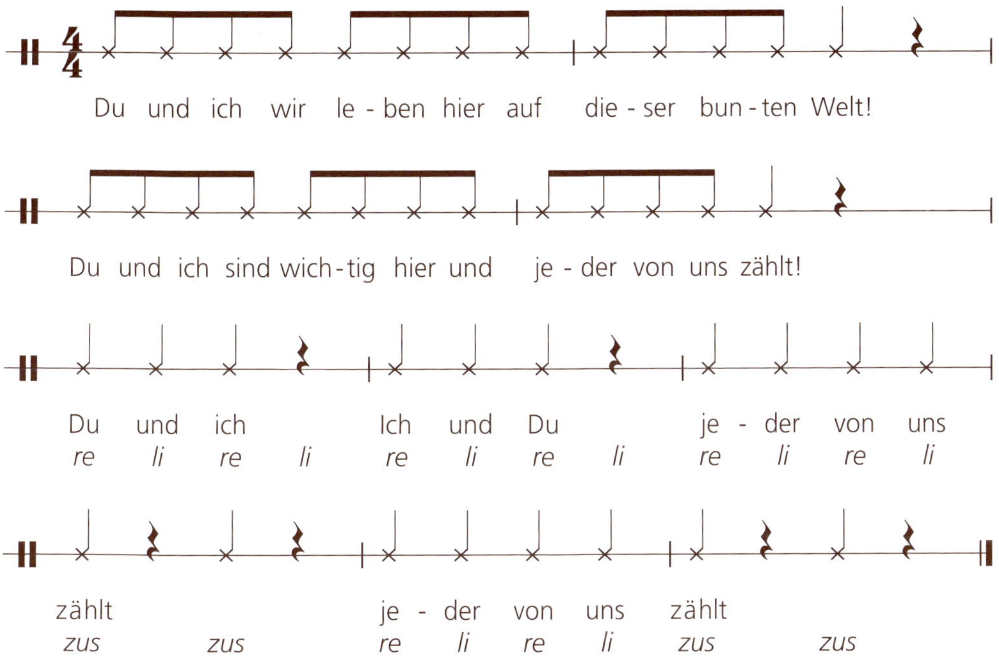

Alle Bewegungen, Rhythmen und Melodien zu diesem Lied finden sich ausführlich in der Trommelgeschichte „Der Löwe und die Maus".

Erzählmöglichkeiten mit Trommeln:

- Figuren können charakterisiert werden (z. B. Tiere oder Hauptfiguren)
- Stimmungen und Gefühle werden hörbar und erlebbar (z. B. Regen oder Wut)
- Spannungsmomente können aufgebaut oder abgebaut werden (z. B. zunehmender Sturm oder Momente der Entscheidung)
- Pointen können verstärkt und interaktiv ausgedrückt werden

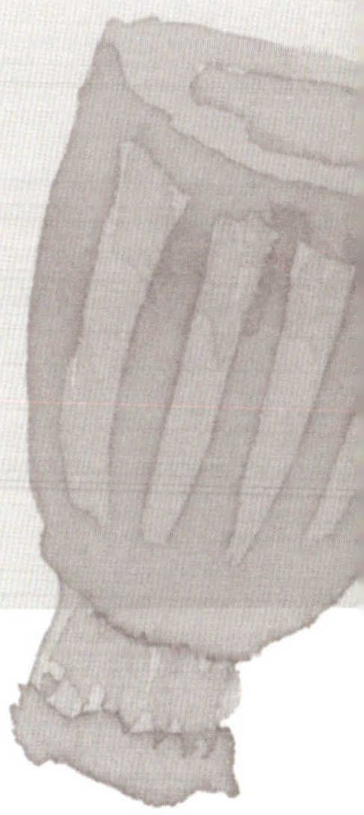

Trommelgeschichten als interaktives Erzählen

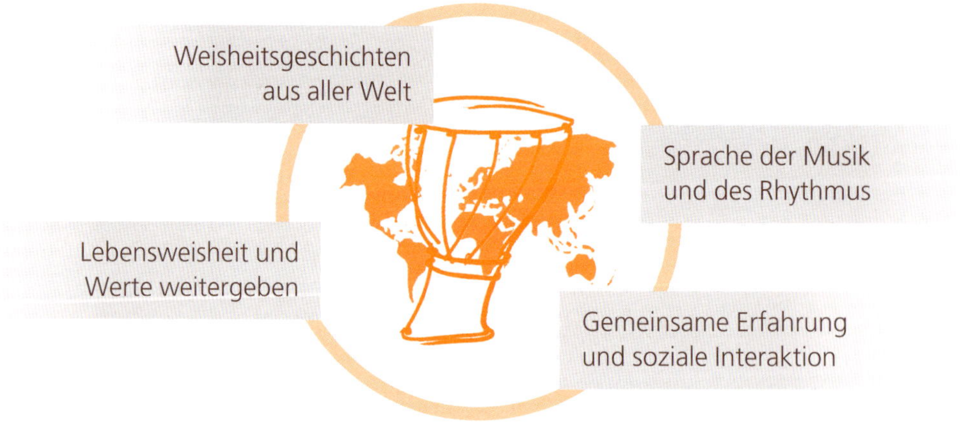

Ein wesentliches Grundprinzip der Trommelgeschichten ist das interaktive Erzählen. Die Kinder überschreiten die Grenze des Zuhörens und gestalten die Erzählungen aktiv mit. Besondere Spannungsmomente, Stimmungen oder die Charaktere einzelner Figuren können mit den Trommeln erlebt und aktiv geformt werden. Dabei öffnet sich für die Kinder ein Raum, wo sie sich in der Geschichte selbst wiederfinden und unter Einsatz des ganzen Körpers ihren eigenen Gefühlen einen Ausdruck geben können.
Ein weiteres Grundprinzip dieses Konzepts verdeutlicht die Trommelgeschichte „Der Löwe und die Maus". Die Botschaft dieser Geschichte lädt dazu ein, die Fähigkeiten eines jeden einzelnen zu sehen und füreinander einzusetzen. Das interaktive Erzählen mit Trommeln vermittelt diese Botschaft auf zwei Ebenen: auf der inhaltlichen Ebene und auf der Erfahrungsebene.

Auf der inhaltlichen Ebene erzählen wir gemeinsam die Geschichte, folgen ihrem Spannungsbogen und hören die Botschaft, die darin enthalten ist. Gleichzeitig erleben die Kinder sich als Gruppe, hören aufeinander, ordnen sich im gemeinsamen Rhythmus einander zu und fühlen sich in der Trommelsprache verbunden. Was also auf der inhaltlichen Ebene durch die Geschichte vermittelt wird, wird gleichzeitig im gemeinsamen Trommeln eingeübt und erfahren. So können die Kinder mit Herz und Hand und jeder Faser ihres Körpers den wunderbaren Schatz der Erzählungen der Völker immer wieder neu entdecken

Grundprinzipien des Trommelerzählens:

- das gemeinsame Trommelsignal vereinbaren:
  Wann trommeln wir und wann haben die Trommeln Pause?
- neue Rhythmen zuerst am ganzen Körper erfahren
- Rhythmen mit Sprache verbinden in Form von Wörtern, Lauten oder Sätzen
- die Erzählerin (beg-)leitet mit einer Erzähltrommel
- Trommelerzählen braucht einen lebendigen Wechsel von Trommelaktion und Erzählen
- Stimmungen, Geräusche und Rhythmen werden eindeutig und klar vermittelt

Dimensionen des Trommelerzählens:

Modell einer Trommel-Erzählrunde:

- Der Erzählraum wird vorbereitet: Kleine Sitzkissen liegen in einem Kreis für die Kinder bereit. In der Mitte stehen die Trommeln und eine Erzählkerze – noch sind die Trommeln unter einem Tuch verhüllt.
- Die Kinder reisen aus dem Klassenraum/Gruppenraum mit einer alten Dampflok in den Erzählraum und nehmen dort auf den Kissen Platz.
- Ein Rhythmus, der in der Trommelgeschichte vorkommt, wird gemeinsam mit den Bodypercussion ausprobiert und eingeübt.
- Feierlich werden die Trommeln enthüllt und verteilt.
- Die Trommeln werden „wach" gestreichelt und das Trommelsignal wird gemeinsam eingeübt. Der gelernte Rhythmus wird nun auf den Trommeln getrommelt.
- Zur Einstimmung auf die Geschichte wird gemeinsam das „Ohren auf"-Lied gesungen und getrommelt.
- Die Erzählkerze wird dann entzündet.
- Die ausgewählte Trommelgeschichte wird miteinander erzählt und erlebt.
- Am Ende der Trommelerzählrunde kann miteinander das Trommelreiselied gesungen und getrommelt werden.
- Abschließend wird die Erzählkerze ausgepustet und die Trommeln werden wieder in die Mitte gestellt und verhüllt.
- Die Gruppe reist mit der alten Dampflok zurück in den Klassenraum/Gruppenraum.

… Doch bevor die Kinder den Raum verlassen, lege ich mit ihnen noch ein Symbol für die erlebte Geschichte in die Schatzkiste. Denn die Erzählungen der Völker sind kostbar. Ihr Schatz will stets aufs Neue entdeckt werden.

Die Trommel erzählt …

Trommelreise

Kapitel 2

CD 1 · Nr. 4
CD 2 · Nr. 3

Trommelbegrüßungslied

Text und Musik: Markus Hoffmeister

Der Löwe und die Maus

Hintergrund

Dieses bekannte Erzählmotiv geht auf den griechischen Dichter Äsop (6. Jahrhundert v. Chr.) zurück und ist eine klassische Fabel. Die sprechenden Tiere Löwe und Maus bilden in ihren Charaktereigenschaften einen starken Gegensatz und zeigen uns Menschen am Ende der Geschichte eine klare Lehre.

Da das offene Wort gegen die Mächtigen oftmals lebensbedrohend war, entstanden mit den Fabeln versteckte Botschaften gegen die Herrschenden, die jedoch vom Volk klar entziffert werden konnten.

Auch diese Fabel möchte uns Menschen unser Verhalten widerspiegeln und eine Botschaft mitteilen. Im Überlieferungsprozess wurde sie in den unterschiedlichsten Kulturen weitererzählt, vor allem in den muslimischen Wüstenländern Afrikas.

Perspektive

In dieser Trommelgeschichte spielen zwei Tiere eine Hauptrolle, die sich mit den Trommeln wunderbar umsetzen lassen. In diesem Klangerlebnis werden die Charaktereigenschaften und der damit verbundene Gegensatz von Löwe und Maus hörbar und spürbar: stark und mächtig – klein und schwach.

Doch im Laufe der Erzählung erweist sich dieser Gegensatz als Trugschluss: die kleine Maus erweist sich als klug, mutig und verlässlich.

Diese Fabel holt uns Menschen schnell auf den Teppich zurück, wenn wir dabei sind, uns über andere zu erheben und herablassend auf sie niederschauen. Denn wer sich stark glaubt, kann schnell in brenzlige Situationen geraten und auf die Hilfe eines anderen angewiesen sein.

Kinder haben in dieser Geschichte an der kleinen Maus besondere Freude. Sie ist klein, frech und glaubt an ihre Stärke. Und zugleich hat sie ein offenes Ohr für die Not anderer. So kann diese wunderbare Figur auch die Kinder dazu ermutigen, an sich selbst und an die eigenen Kräfte zu glauben und dabei die Wertschätzung für andere nicht zu verlieren.

In dieser Trommelgeschichte erleben die Kinder neue Möglichkeiten mit der Trommel zu erzählen. Wenn 20 Kinder gleichzeitig in die Trommel lachen, ist das wirklich ein besonderes Vergnügen.

Trommelgeschichte

In dem Land, von dem ich euch erzähle, ist es sehr heiß. Denn die Sonne brennt unbarmherzig auf die Erde nieder und blendet im gelben Wüstensand. Und dennoch ist das Leben hier sehr spannend. Hört gut zu!

Denn so manches Tier hat in dieser Wüstengegend seit langer Zeit sein zu Hause.

So zum Beispiel die Schlange:

Alle streichen mit der flachen Hand über die Trommeln und zischen dazu „Schssst".

Oder der Leopard:

Alle kratzen vorsichtig mit ihren Fingernägeln über das Trommelfell und fauchen.

Oder die Wüstenmäuse:

Alle trippeln mit den Fingerspitzen kreuz und quer über die Trommel.

Oder die wunderschönen Kamele:

Die Kinder rufen und trommeln und schütteln am Ende Arme und Kopf.

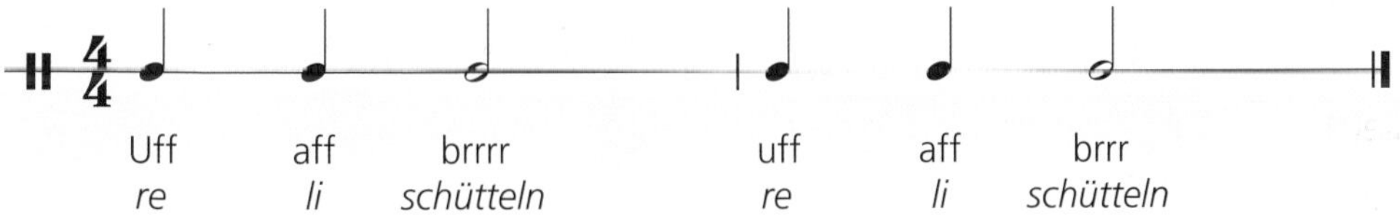

Vor langer Zeit lebte in diesem Land ein König, nicht irgendein König, es war der König der Tiere. Mit seinem stolzen Gang spazierte er durch die Steppe, seine riesigen Pranken jagten jedem Tier Angst und Respekt ein, seine dichte Mähne umrahmte seinen Kopf wie eine Krone.

Hier kommt er: der Löwe.

Die Erzählerin spricht den Trommelsatz und trommelt dazu den folgenden Rhythmus. Alle Kinder trommeln und sprechen mit.

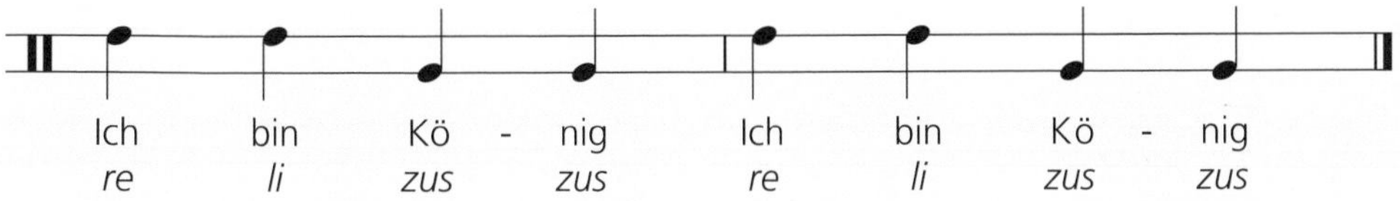

Als die Sonne am Höchsten stand, war die Zeit für ein kleines Mittagsschläfchen gekommen. Und so legte sich der Löwe gemütlich unter einen Feigenbaum und schlief sofort ein.

Alle drehen die Trommel um und schnarchen laut in den Hohlraum der Trommel hinein. Da der Hohlraum der Trommel der eigentliche Resonanzraum ist, ergibt dies eine eindrucksvolle verstarkte Akustik.

Da kam plötzlich ein ganz kleines Tierchen angetrippelt.

Der Löwe und die Maus

Die Erzählerin trippelt zunächst alleine mit ihren Fingerspitzen von einem Rand der Trommel zum anderen Trommelrand. Die Kinder können raten, um welches Tier es sich handeln könnte.

Es war eine kleine Maus. Sie sah den schlafenden Löwen, kletterte auf seinen Rücken und krabbelte voller Spaß auf dem Löwen herum. Mal hierhin, mal dorthin.

Nun trippeln alle Kinder kreuz und quer über die Trommel.

Plötzlich wurde der Löwe wach und er sprang mit einem Satz auf, packte die Maus am Schwanz und drückte sie mit seiner Pranke auf den Boden.

Die Maus bettelte und flehte: „Bitte, bitte lieber Löwe. Tu mir nichts! Schau, ich bin nur ein kleines hilfloses Mäuschen. Vergib mir diesen dummen Mäusestreich und töte mich nicht. Vielleicht kann ich dir eines Tages nützlich sein und dir helfen." Da lachte der Löwe so laut wie ein Löwe nur lachen kann.

Alle Kinder drehen ihre Trommeln um und die Erzählerin zählt bis „3",
dann lachen alle ganz laut in den Hohlkörper der Trommel hinein.

*Und der Löwe brüllte: „Was denn? Du kleines Mäuschen sollst mir nützlich sein?"
Und der Löwe ließ vor lauter Lachen die kleine Maus laufen.*

Einige Tage später stolzierte der Löwe wieder durch die Steppe.

Die Erzählerin spricht wieder den Trommelsatz und trommelt dazu
den entsprechenden Rhythmus. Alle Kinder trommeln und sprechen mit.

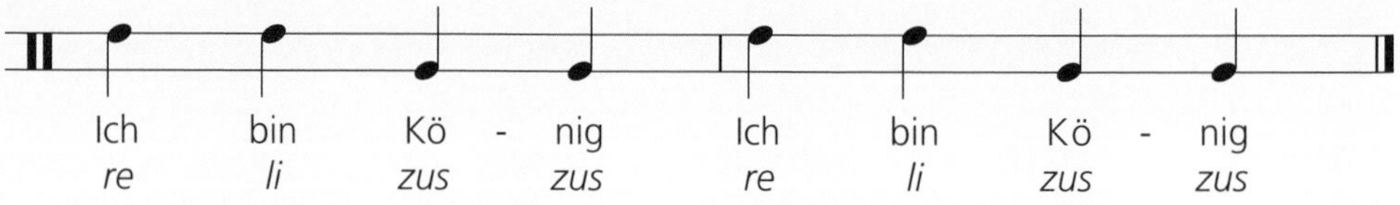

*Es war wieder um die Mittagszeit, der Löwe wurde müde und
mit seinen großen Pranken tapste er in Richtung Feigenbaum.
Was der Löwe aber nicht sah, war,
dass ein riesiges Netz an seinem Lieblingsbaum hing.*

Hier beginnt mit allen Kindern ein ganz leiser Trommelwirbel,
der bis zum nächsten Trommelimpuls beibehalten wird.

Und der Löwe kam seinem Baum immer näher.

Die Erzählerin steigert langsam auf ihrer Erzähltrommel die Lautstärke des Trommelwirbels und alle Kinder setzen dies auf ihrer Trommel um.

Und der Löwe kam seinem Baum noch näher.

Der Trommelwirbel wird noch lauter.

Und der Löwe stand unter seinem Baum – er schaute noch nach oben – doch da fiel das Netz herunter. Der Löwe saß in einer Falle.

Der Trommelwirbel wird ganz laut und endet ganz plötzlich.

Und der Löwe brüllte ganz fürchterlich.

Die Kinder drehen wieder ihre Trommeln um, die Erzählerin zählt bis „3", dann brüllen alle wie ein Löwe in den Hohlkörper der Trommel hinein.

Mit der Zeit aber wurde sein Gebrüll immer jämmerlicher.

Die Erzählerin zählt leise bis „3" und alle jammern wie ein trauriger Löwe in die Trommel hinein.

Dies hörte auch die kleine Maus in ihrem Mauseloch. Rasch eilte sie herbei.

Alle trippeln mit ihren Fingerspitzen von einem Rand der Trommel zum anderen Trommelrand.

Als sie sah, was dem Löwen geschehen war, rief sie: „Habe keine Sorge, ich werde dir helfen!" Sofort begann sie mit ihren scharfen Zähnen die Seile durchzuknabbern – mal hier – mal dort – drüben und hüben.

Die Kinder trippeln auf der Trommel und kratzen leicht auf der Trommel – immer im Wechsel: trippeln und kratzen.

So arbeitete die Maus unermüdlich und noch bevor die Jäger kamen, war das Loch im Netz so groß, dass der Löwe sich mit einem lauten „Hurra" befreite.

Die Erzählerin fragt die Kinder: „Sollen wir auch mal wie der Löwe voll Freude „Hurra" rufen?" Dann zählt sie langsam bis „3" und dann rufen alle zusammen laut „Hurra" und trommeln dazu wild durcheinander.

Der Löwe und die Maus

Dann bedankte sich der Löwe ganz herzlich bei der Maus und sprach: „Ich hätte nie gedacht, dass so ein kleines Tier wie du etwas tun kann, wozu meine Kräfte nicht ausreichen."

Daraufhin antwortete die Maus wie folgt:

CD 1 · Nr. 5

Jeder zählt

Text und Musik: Markus Hoffmeister

Mit diesen Worten verabschiedete sich die Maus und ließ einen nachdenklichen Löwen zurück.

Jeder zählt

Das Playback

CD 2 · Nr. 4

Zunächst kann der Text mit den Kindern eingeübt werden:

Du	jeder zeigt auf ein anderes Kind
und ich	alle zeigen auf sich selbst
wir leben hier	alle zeigen mit den Fingern nach unten
auf dieser bunten Welt.	alle zeichnen mit den Armen die Weltkugel
Du	auf ein anderes Kind zeigen
und ich	auf sich selbst zeigen
sind wichtig hier	wieder auf den Boden zeigen
und jeder von uns zählt.	Daumen nach oben

Wie in der Geschichte werden auch im Lied die Tiere mit den Trommeln dargestellt. Mit jeder neuen Strophe kommt ein neues Tier hinzu:

1. Strophe: Schlangen
2. Strophe: Schlangen – Leopard
3. Strophe: Schlangen – Leopard – Kamel
4. Strophe: Schlangen – Leopard – Kamel – Mäuse
5. Strophe: Schlangen – Leopard – Kamel – Mäuse – Löwe

In der 6. Strophe tauchen noch einmal alle Tiere auf und „Du und ich“: Dabei zeigt jeder auf ein anderes Kind und auf sich selbst.

Kinder brüllen wie ein Löwe in die Trommel hinein.

Merkblatt
zur Trommelgeschichte®

Trommelreise · Markus Hoffmeister

Der Löwe und die Maus

die Tiere in der Wüste	*In dem Land, von dem ich euch erzähle, ist es sehr heiß.*
die Schlange	*Hört gut zu! Denn so manches Tier hat in dieser Wüstengegend seit langer Zeit sein zu Hause. So zum Beispiel die Schlange:*
	• Alle streichen mit der flachen Hand über die Trommeln.
der Leopard	*Oder der Leopard:*
	• Alle kratzen vorsichtig mit ihren Fingernägeln über das Trommelfell.
die Wüstenmäuse	*Oder die Wüstenmäuse:*
	• Alle trippeln mit den Fingerspitzen.
die Kamele	*Oder die wunderschönen Kamele:*
	• Die Kinder rufen und trommeln und schütteln am Ende Arme und Kopf.
der Löwe	*Vor langer Zeit lebte in diesem Land auch ein König: der Löwe.*
	• Trommeln und sprechen: Ich bin Kö-nig.
	So legte sich der Löwe gemütlich unter einen Feigenbaum und schlief sofort ein.
	• In die Trommel hineinschnarchen.
die freche Maus	*Da kam plötzlich ein ganz kleines Tierchen angetrippelt.*
	• Über die Trommel trippeln.
	Die Maus kletterte krabbelte voller Spaß auf dem Löwen herum.
	• Kreuz und quer über die Trommel trippeln.
	Der Löwe packte die Maus und drückte sie auf den Boden. „Vielleicht kann ich dir eines Tages helfen." Da lachte der Löwe.
	• In die Trommel hineinlachen.
	Und der Löwe ließ vor lauter Lachen die kleine Maus laufen. Einige Tage später stolzierte der Löwe wieder durch die Steppe.
	• Alle trommeln und sprechen: Ich bin Kö-nig.
das riesige Netz	*Ein riesiges Netz hing an seinem Lieblingsbaum.*
	• Trommelwirbel beginnt.
	Und der Löwe kam seinem Baum immer näher.
	• Trommelwirbel wird lauter.
	Und der Löwe kam seinem Baum noch näher.
	• Trommelwirbel wird noch lauter.
gefangen im Netz	*Doch da fiel das Netz herunter. Der Löwe saß in einer Falle.*
	• Trommelwirbel wird ganz laut und endet ganz plötzlich.
	Und der Löwe brüllte ganz fürchterlich.
	• In die Trommel hineinbrüllen.
	Mit der Zeit aber wurde sein Gebrüll immer jämmerlicher.
	• Leise in die Trommel jammern.
die Maus hilft	*Rasch eilte die Maus herbei.*
	• Auf der Trommel trippeln.
	Sofort begann sie die Seile durchzuknabbern.
	• Trippeln und kratzen im Wechsel.
	Dann war das Loch im Netz so groß, dass der Löwe sich mit einem lauten „Hurra" befreite.
	• Laut in die Trommel „Hurra" rufen.
die Erkenntnis des Löwen	*„Ich hätte nie gedacht, dass so ein kleines Tier wie du etwas tun kann, wozu meine Kräfte nicht ausreichen."*
	Daraufhin antwortete die Maus wie folgt:
	• Lied: Jeder zählt

Awia bo nippa

Hintergrund

Geschichten erzählen – dies gehört zur afrikanischen Kultur – und zwar in einer unverwechselbaren Art. Die mündliche Überlieferungspraxis, die sogenannte „oral culture“, entfaltet sich im Alltag. Wenn Händler in ein abgelegenes Dorf kommen, versammeln sich die Bewohner auf dem Dorfplatz, um den Erlebnissen zu lauschen. Es entstehen Geschichten. Und wer glaubt, dass diese genauso weitererzählt werden, wird getäuscht. Denn die afrikanische Erzählkultur lebt von der steten Veränderung: „Eine Geschichte ist eine Geschichte, und deshalb kann man sie so erzählen, wie es der eigenen Phantasie, dem eigenen Wesen oder der jeweiligen Umwelt entspricht; und wenn die Geschichte Flügel bekommt und zum Eigentum anderer wird, dann sollte man sie auch nicht aufhalten. Eines Tages kehrt sie zu einem selbst zurück, bereichert durch neue Details und mit einer neuen Stimme.“ (Mandela, N. S. 7). Die

Awia bo nippa

Trommelgeschichte „Awia bo nippa" entspricht ganz der afrikanischen Erzählkultur. Denn zur Geschichte gesellen sich die Lieder und der Wechselgesang, so dass alle Zuhörer von Anfang an miteinbezogen sind.

Die Trommelgeschichte greift das Motiv einer Fabel von Kobna Anan auf (vgl. Anan, Kobna/Amonde/Omari 1993), der wiederum ein Stück der Erzählkultur aus seiner Heimat in Ghana weitergibt. Deshalb habe ich dieser Trommelgeschichte einen Titel in einer Volkssprache Ghanas gegeben: „Awia bo nippa" bedeutet „Die Sonne scheint für alle!"

Perspektive

Willkommen in Afrika! Durch das Ertrommeln einzelner Tiere, durch den Wechselgesang, das gemeinsame Singen afrikanischer Lieder und natürlich das gemeinsame Erzählen wird in dieser Geschichte ein Stück afrikanischer Kultur lebendig. Sie bereitet sowohl den Kindergarten- also auch den Grundschulkindern wirklich große Freude. Was in dieser Erzählung durch das gemeinsame Singen und Trommeln erlebt und erfahren wird, ist gleichzeitig die Botschaft dieser Geschichte: Wenn wir zueinander stehen und zusammenhalten, dann können wir viel erreichen. Denn gemeinsam sind wir stark!

Lied

Salibonani

CD 1 · Nr. 6
CD 2 · Nr. 5

Text: Simbabwe · Musik: Markus Hoffmeister

„Salibonani“ heißt übersetzt „Guten Morgen“. Dieses stimmungsvolle Begrüßungslied stammt aus Simbabwe. Ich habe es für die Trommelreise neu arrangiert. Es kann zur Musik-CD abwechselnd gesungen und getrommelt werden.

Für die Zwischenmusik eignet sich folgender Trommelrhythmus:

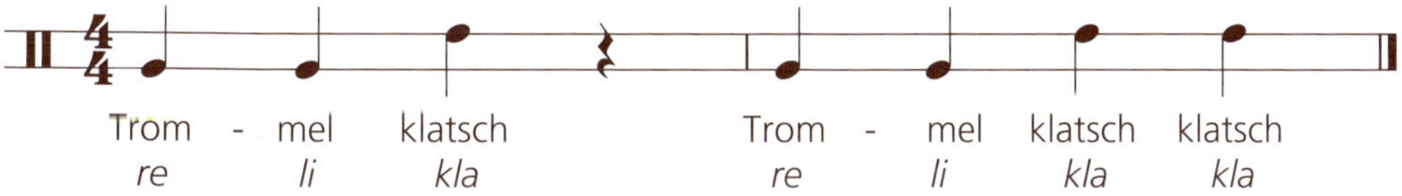

Trommelgeschichte

*Ich behaupte nicht, dass alles, was ich jetzt erzähle, wahr ist.
Aber so geht meine Geschichte …*

In einem großen und wunderschönen Land sind die Bäume so hoch, dass sie an den Wolken kratzen. In diesen riesigen Wäldern leben viele Tiere. Dort leben zum Beispiel …

Alle streichen mit der flachen Hand über die Trommeln und zischen dazu „Schssst". Die Kinder raten, welches Tier dies sein könnte.

… die Schlange. Mit ihrem beweglichen Körper schlängelt sie sich durch die Bäume. In diesem Wald lebt auch …

Alle kratzen vorsichtig mit ihren Fingernägeln über das Trommelfell und fauchen.

… der Panther. Hütet euch vor ihm – besonders in der Nacht. Dort leben auch …

Alle trommeln zusammen laut und langsam auf die Fellmitte und machen zusammen „Bumm – Bumm – Bumm"

… die Elefanten. Wenn sie durch den Wald marschieren, bebt die Erde. Und diese Tiere dürfen in dem Wald auf keinen Fall fehlen …

Alle trommeln ganz laut und wild durcheinander und kreischen wie die Affen.

… die Affen. Sie toben durch den ganzen Wald. In dem Wald, von dem ich euch erzähle, lebten auch drei Vögel.

Der eine Vogel war gelb, quietschgelb. Dieser Vogel war nicht besonders schlau, aber immer gut drauf und immer fröhlich. Er konnte ein kleines und kurzes Lied singen. Das ging so:

Die Erzählerin spricht den Rhythmussatz vor und die Kinder wiederholen ihn. Dann trommeln und rufen alle den Satz im Rhythmus.

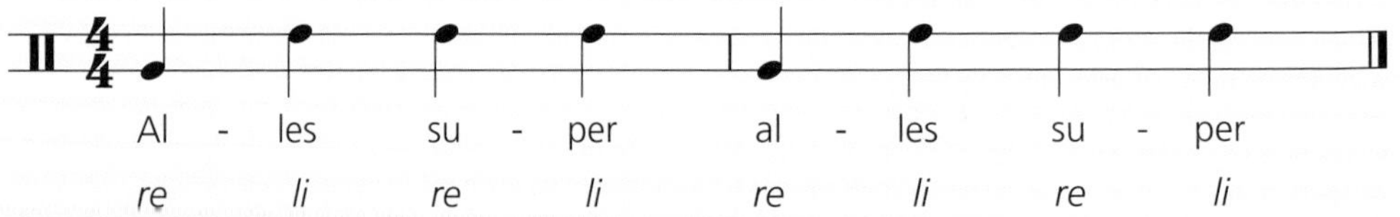

In der Heimatsprache des gelben Vogels klang es anders:

Die Erzählerin spricht zunächst den Text vor und die Kinder wiederholen.

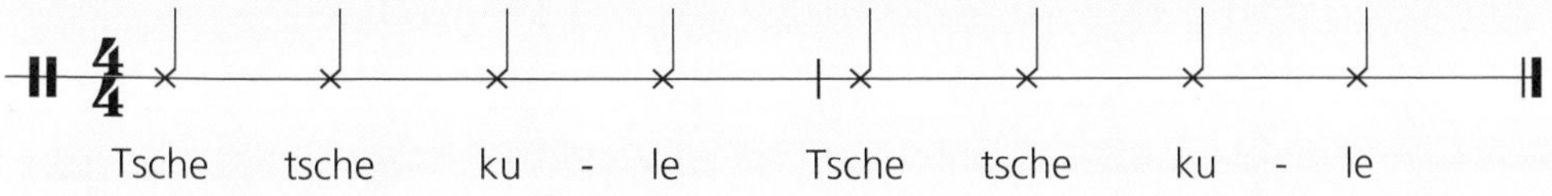

Und in der Heimat des gelben Vogels war es Brauch, dass einer vorsingt und alle singen genauso nach.

Die Erzählerin singt vor und alle singen nach.
Der Wechselruf wird mit den Trommeln begleitet.

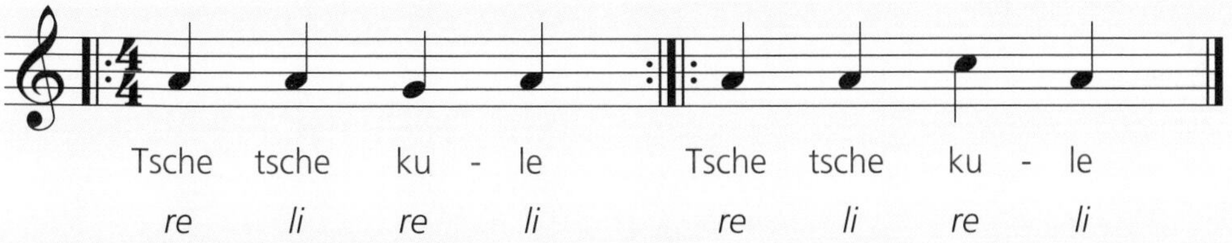

Der zweite Vogel in diesem Wald war grün – nur grün. Dieser Vogel war etwas eingebildet, denn sie glaubte, dass sie die schönste Vogeltänzerin im ganzen Wald sei. Auch der grüne Vogel konnte ein kleines Lied singen:

Der Satz wird erst rhythmisch vorgesprochen und die Kinder wiederholen.
Dann trommeln und rufen alle zusammen:

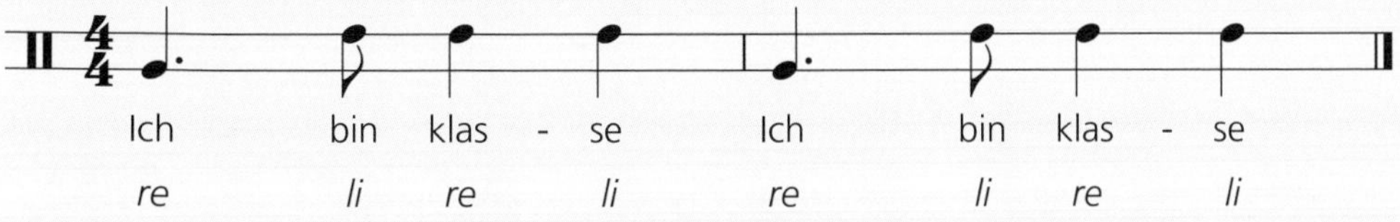

In der Heimatsprache des grünen Vogels klang es so:

Der Ruf wird erst rhythmisch vorgesprochen und die Kinder wiederholen.

Gemeinsam trommeln und im Wechsel rufen:

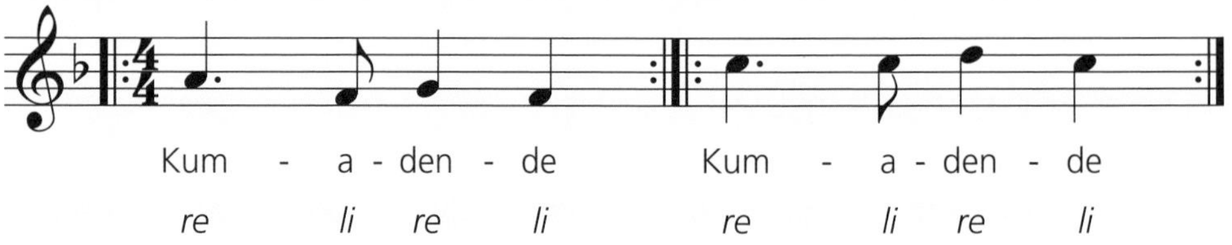

Der dritte Vogel war rot – komplett rot.
Dieser Vogel hatte immer nur eins – Hunger!

Deshalb klang sein kleines Lied so:

Wieder vorsprechen – nachsprechen und dann zusammen rufen und trommeln.

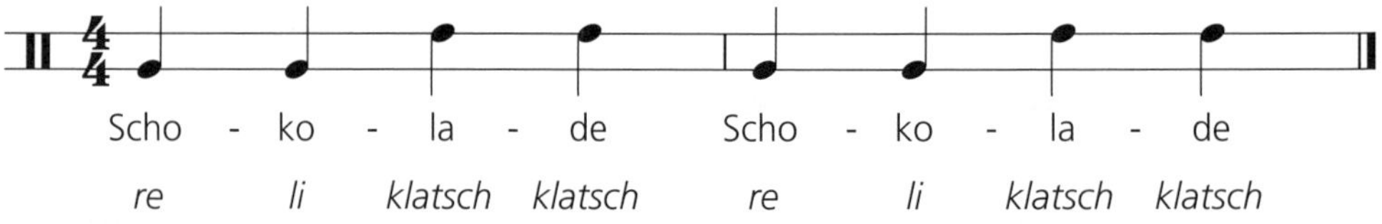

Und in seiner Heimatsprache klang es so:

Eines Tages hörten die drei Vögel von dem Haus des Bauern. Er solle dort das herrlichste Futter haben, was man sich nur wünschen kann. Das wollten sie haben! Aber einfach so würde der Bauer ihnen das Futter bestimmt nicht geben. Sie hörten auch, dass der Bauer eines über alles liebte: den Gesang und den bunten Tanz. Die drei Vögel wussten sofort, dass sie mit ihren kleinen Liedchen nicht weit kommen würden. Also schlossen sie sich zusammen und übten ein gemeinsames Lied ein.

Dieses Lied klang so:

Die Erzählerin spricht den Text vor und die Kinder wiederholen.

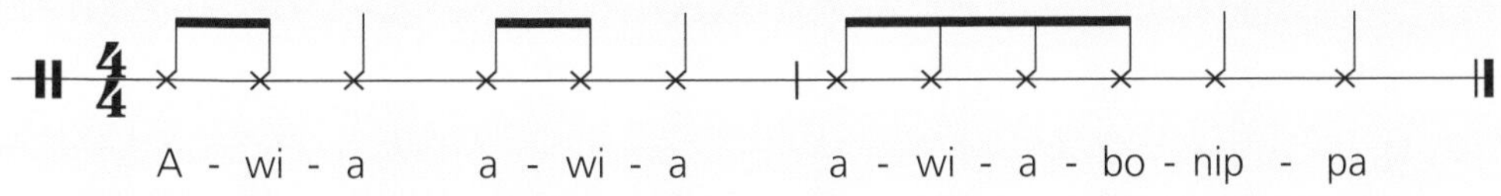

Die drei Vögel sangen und tanzten ihr Lied voller Eifer vor dem Haus des Bauern.

Das hörte sich so an:

Das Lied „Awia bo nippa" wird miteinander gesungen und getrommelt.

CD 2 · Nr. 6

Als der Bauer diesen Gesang hörte, kam er aus seinem Haus heraus und schüttelte seinen dicken Bauch vor Lachen: „Hahaha, ihr drei Vögelchen. Euer Tanz ist so bunt und euer Gesang so wunderschön. Es tut meinem Herzen gut!" Und vor Freude streute er ihnen reichlich Futter hin. So kamen nun die drei Vögel jeden Mittag und sangen und tanzten gemeinsam. Und jedes Mal bekamen sie ihr Futter. Sie hatten wirklich ein gutes Leben.

Eines Morgens, die Sonne ging gerade am Horizont auf, erwachte der gelbe Vogel früher als die anderen.

„Haha, die anderen schlafen ja noch. Ich habe eine super Idee: Gleich, wenn die Schlange durch die Bäume schleicht, mache ich mich auf den Weg zum Bauern und singe ganz alleine vor seinem Haus. Dann bekomme ich das Futter ganz für mich allein und ich werde super-super-satt sein."

Und da hörte man auch schon die Baumschlange.

Alle streichen mit der flachen Hand über die Trommeln und zischen dazu „Schssst".

So machte sich der gelbe Vogel auf den Weg und tanzte und sang vor dem Haus des Bauern sein Lied.

Erst wird der deutsche Rhythmusvers gesprochen und getrommelt, dann wird der afrikanische Rhythmusvers gesprochen und getrommelt und schließlich erfolgt der Wechselgesang im Trommelrhythmus. Diese Reihenfolge gilt im Folgenden auch für den grünen und den roten Vogel.

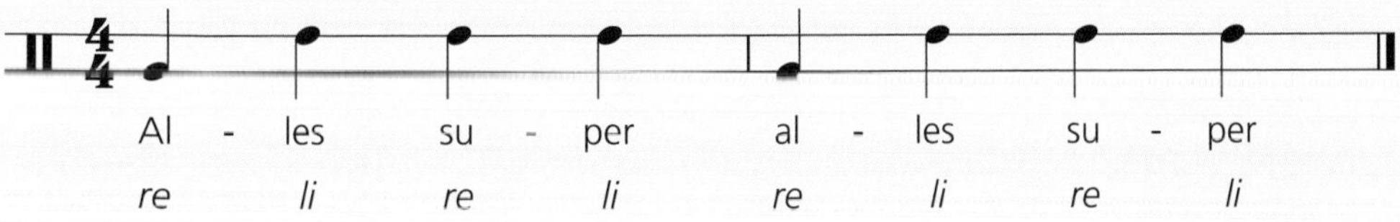

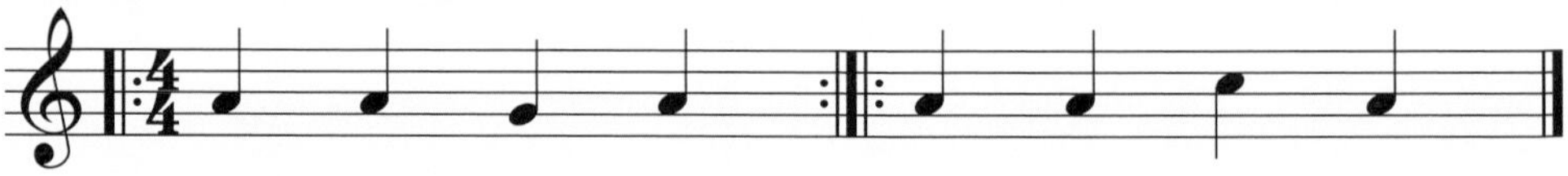

Da kam der Bauer aus dem Haus heraus und rief: „Hey, was ist das für ein schreckliches Gepiepse. Das tut ja in den Ohren weh! Hau ab!"

Und er verscheuchte den gelben Vogel zurück in den Wald.

Da erwachte als nächstes der grüne Vogel. „Aha! Der Gelbe ist ja schon weg und der Rote schläft noch! Da habe ich eine klasse Idee. Gleich, wenn die Affen durch den Wald toben, fliege ich alleine zum Bauern und singe mein eigenes bezauberndes Lied. Dazu werde ich die schönste Vogeltänzerin im ganzen Wald sein und bekomme mit Sicherheit das ganze Futter für mich allein. Hach, ich bin wirklich klasse!"

Und da hörte man auch schon die Affen.

Alle trommeln ganz laut und wild durcheinander und kreischen wie die Affen.

Und der grüne Vogel begann vor dem Haus des Bauern zu singen und zu tanzen:

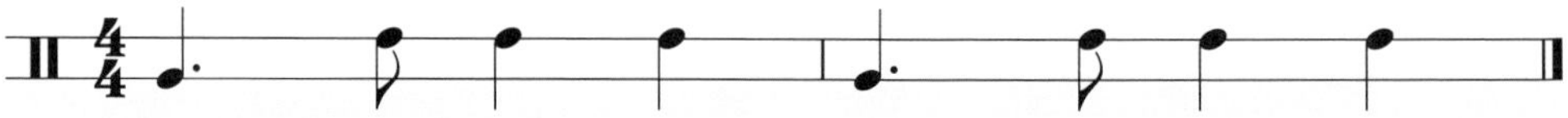

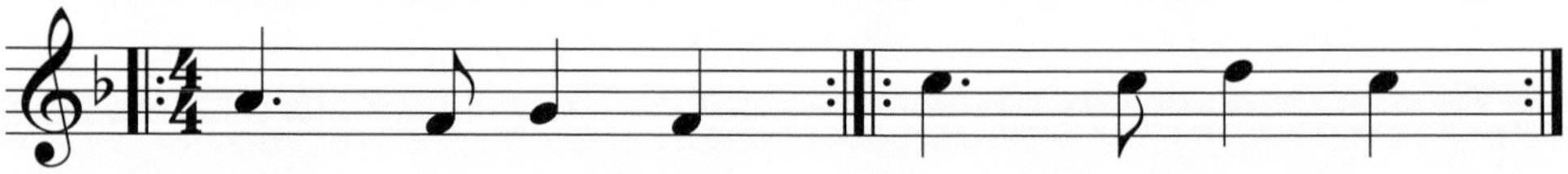

Als der Bauer wieder nur einen Vogel singen hörte, sprang er aus dem Haus und rief: „Hey, du grünes Federvieh. Was soll dieses Herumgehopse? Das sieht doch albern aus. Hau ab!" Völlig beleidigt floh der grüne Vogel in den Wald zurück.

Da erwachte als letztes auch der rote Vogel.

„Nanu, der Gelbe und Grüne sind schon weg? Das macht nichts. Gleich, wenn die Elefanten durch den Wald wandern, ziehe ich ganz alleine zum Bauern los. Das bisschen Singen mache ich doch mit links. Und dann kann ich essen soviel ich will. Ich habe immer so einen Hunger bis unter die Flügel… !“

Und schon hörte man die Elefanten.

Alle trommeln zusammen laut und langsam auf die Fellmitte und machen zusammen „Bumm – Bumm – Bumm“.

Und der rote Vogel sang vor dem Haus des Bauern ganz laut sein Lied:

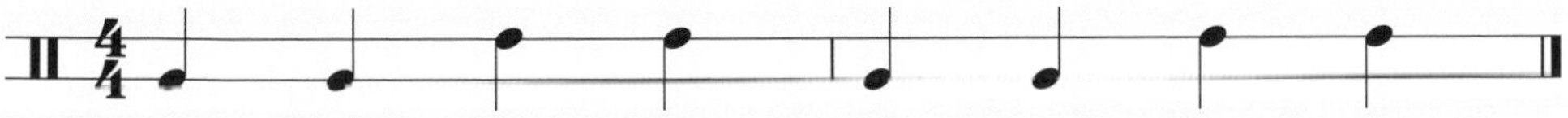

Scho - ko - la - de Scho - ko - la - de

re li klatsch klatsch re li klatsch klatsch

Tsche Ko - fin - sa Tsche Ko - fin - sa

re li klatsch klatsch re li klatsch klatsch

Da stürzte der Bauer aus dem Haus heraus und schrie:

„Ruuuuhe! Du rotes Federvieh. Ich will mein Mittagsschläfchen halten!“
So musste auch der rote Vogel in den Wald fliehen.

Am nächsten Morgen – als die Sonne emporstieg – erwachten alle drei Vögel – vor Hunger. Keiner sagte ein Wort. Alle starrten sie nur vor sich hin. Doch schließlich eröffnete der gelbe Vogel das Wort:

„Ich wollte alles Futter für mich alleine haben. Das war gar nicht super!“

Da sprach der grüne Vogel: „Mich hat der Bauer einfach vertrieben. Das fand ich gar nicht klasse!“ Da rief der rote Vogel: „Hunger!“ Und sie überlegten, wie sie wieder an das herrliche Futter herankommen könnten.

Die Erzählerin kann hier die Kinder fragen, ob sie eine Idee haben.

Die drei Vögel wussten auf einmal, dass sie gemeinsam viel mehr erreichen können, als wenn jeder nur an sich alleine denkt. Ja, zusammen waren sie stark. So beschlossen die drei, wieder zusammen zu singen und zu tanzen.

Und als die Sonne hoch am Himmel stand und schon längst …

Alle streichen mit der flachen Hand über die Trommeln und zischen dazu „Schssst".

… die Schlange durch die Bäume geschlängelt war und …

Alle trommeln zusammen laut und langsam auf die Fellmitte und machen zusammen „Bumm – Bumm – Bumm".

… die Elefanten durch den Wald gewandert waren und …

Alle trommeln ganz laut und wild durcheinander und kreischen wie die Affen.

… die Affen durch den Wald getobt waren, flogen die drei Vögel zum Haus des Bauern und tanzten und sangen ihr Lied:

Alle singen gemeinsam das Lied „Awia bo nippa" (ohne Musik-CD).

Sobald der Bauer den vertrauten Gesang hörte, stürzte er aus dem Haus und freute sich und lachte und lachte.

„Oh, da seid ihr ja wieder. Wo wart ihr gestern nur gewesen, ich habe euch so vermisst. Aber heute singt und tanzt ihr wieder so schön!" Und er streute ihnen reichlich Futter hin – diesmal sogar eine Extraportion mehr.

Die Vögel hatten nun wirklich ein gutes Leben.
Denn sie wussten jetzt: Gemeinsam sind sie stark.

Und wenn Ihr einmal einen Spaziergang durch den Regenwald in Ghana macht – am besten zur Mittagszeit – dann könnt ihr es noch hören: Awia bo nippa – die Sonne scheint für uns alle.

Am Ende kann das Lied noch einmal gesungen und getrommelt werden.
Schön ist es auch, wenn in das Lied ein Tanz eingebunden wird.

Lied

Awia bo nippa

Text und Musik: Markus Hoffmeister

CD 1 · Nr. 7

Dieses Lied kann wieder im Wechsel zur Musik-CD gesungen und mit folgendem Rhythmus getrommelt werden.

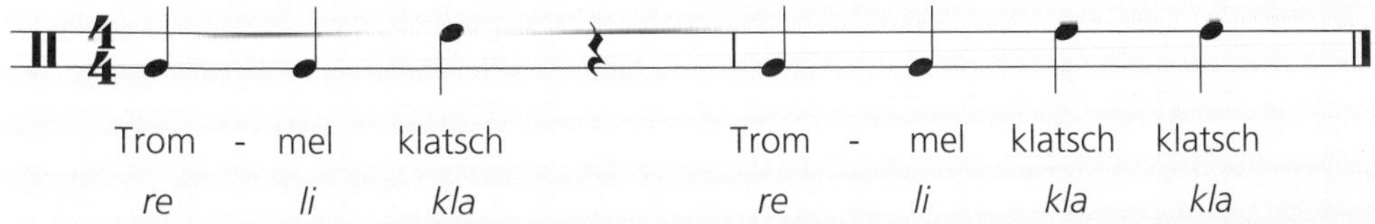

Die Sonne scheint für uns alle.
Spürst Du ihre Strahlen auf Deiner Haut?
Bist Du dick oder dünn?
Bist Du groß oder klein?
Kommst Du aus Russland oder aus Afrika?
Hast Du eine schwarze Haut oder eine weiße?
Die Sonne kann jeder spüren.
Awia bo nippa.
Die Sonne scheint fur uns alle.

Awia bo nippa

In die Musik kann auch ein Tanz mit folgender Bewegungsabfolge eingebunden werden:

2 x stampfen – rechtes Bein	– rechtes Bein = reB
2 x stampfen – linkes Bein	– linkes Bein = liB
2 x auf die Oberschenkel patschen	– Oberschenkel patschen = Opa
2 x in die Hände klatschen	– klatschen = kla

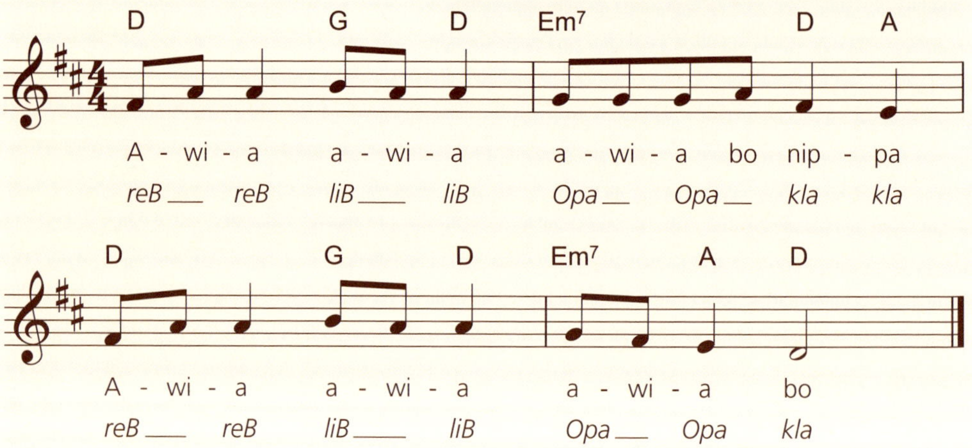

Hinweis:

Kleinere Kinder tun sich beim doppelten Stampfen mit einem Bein oft etwas schwer. Statt zweimal hintereinander kann auch nur einmal mit dem Bein gestampft werden.

CD 2 · Nr. 6

Awia bo nippa

Das Playback

0:00 – 0:20	Intro
0:21 – 0:38	Refrain singen
0:39 – 0:56	Trommelklatsch-Rhythmus trommeln
0:57 – 1:14	Refrain singen
1:15 – 1:33	Gemeinsam tanzen ohne singen *(wenn der Tanz weggelassen wird, kann wieder der Trommelklatsch-Rhythmus getrommelt werden)*
1:34 – 1:51	Refrain singen und tanzen
1:52 – 2:10	„A – wi – a" – laut miteinander rufen
2:11 – Ende	Refrain singen und tanzen

Merkblatt
zur Trommelgeschichte®

Trommelreise · Markus Hoffmeister

Awia bo nippa

der Regenwald

In diesen Wäldern lebten viele Tiere.

die Tiere

- Trommeln zur Schlange – zum Panther – zum Elefanten – zu den Affen

die drei Vögel

In dem Wald, von dem ich euch erzähle, lebten auch drei Vögel.
Der eine Vogel war gelb. Er war nicht besonders schlau.

- Lied des gelben Vogels: Al-les sup-er – Tsche tsche ku-le

Der zweite Vogel in diesem Wald war grün. Er war ein bisschen eingebildet.

- Lied des grünen Vogels: Ich bin klas-se – Kum a den-de

Der dritte Vogel war rot – komplett rot. Dieser Vogel hatte immer nur eins – Hunger!

- Lied des roten Vogels: Scho-ko-la-de – Tsche-ko-fin-sa

das Haus des Bauern

Eines Tages hörten die drei Vögel von dem Haus des Bauern.
Er liebte eines über alles: den Gesang und den bunten Tanz.
Also schlossen sie sich zusammen und übten ein gemeinsames Lied ein.

Awia bo nippa

- Lied: Awia bo nippa – sprechen – singen und trommeln

Vor Freude streute der Bauer ihnen reichlich Futter hin. Sie hatten wirklich ein gutes Leben.

die Idee des gelben Vogels

Eines Morgens erwachte der gelbe Vogel früher als die anderen.
„Dann bekomme ich das Futter ganz für mich alleine."
Und da hörte man auch schon die Baumschlange.

- Schlange

So machte sich der gelbe Vogel auf den Weg.

- Lied des gelben Vogels: Al-les su-per – Tsche tsche ku-le

Doch der Bauer verscheuchte den gelben Vogel zurück in den Wald.

des grünen Vogels

Da erwachte als nächstes der grüne Vogel.
Und da hörte man auch schon die Affen.

- Alle trommeln ganz laut und wild durcheinander.

Und der grüne Vogel begann vor dem Haus des Bauern zu singen.

- Lied des grünen Vogels: Ich bin klas-se – Kum a den-de

Da sprang der Bauer aus dem Haus.
„Hau ab!" Völlig beleidigt floh der grüne Vogel in den Wald zurück.

des roten Vogels

Da erwachte als letztes auch der rote Vogel.
Und schon hörte man die Elefanten.

- Alle trommeln die Elefantenhorde.

Und der rote Vogel sang vor dem Haus des Bauern ganz laut sein Lied:

- Lied des roten Vogels: Scho-ko-la-de – Tsche-ko-fin-sa

Da stürzte der Bauer aus dem Haus.
So musste auch der rote Vogel in den Wald fliehen.
Am nächsten Morgen erwachten alle drei Vögel – vor Hunger.
Und sie überlegten, wie sie wieder an das herrliche Futter herankommen könnten.

- Die Erzählerin kann hier die Kinder fragen, ob sie eine Idee haben.

gemeinsam sind wir stark

Ja, zusammen waren sie stark. So beschlossen die drei,
wieder zusammen zu singen und zu tanzen.

- Schlange – Elefanten und Affen trommeln.

... die Affen durch den Wald getobt waren, flogen die drei Vögel
zum Haus des Bauern und tanzten und sangen ihr Lied:

- Alle singen gemeinsam das Lied „Awia bo nippa" (ohne Musik-CD).

„Oh, da seid ihr ja wieder. Wo wart ihr gestern nur gewesen, ich habe euch so vermisst."
Und er streute ihnen reichlich Futter hin. Die Vögel hatten nun wirklich ein gutes Leben.
Und wenn Ihr einmal einen Spaziergang durch den Regenwald in Ghana macht –
dann könnt ihr es noch hören: Awia bo nippa – die Sonne scheint für uns alle.

- Am Ende kann das Lied noch einmal gesungen und getrommelt werden.

David und Goliath

Hintergrund

In der hebräischen Bibel – der TANACH – führt ein roter Faden durch alle Erzählungen: die dramatische und spannende Geschichte des Volkes Israel mit seinem Gott JHWE (ausgeschrieben heißt es Jahwe und bedeutet nach dem Buch Exodus 3,12: Ich bin der „Ich bin da"). Eine der schillerndsten Figuren in diesen uralten Geschichten ist die des David (um 1000 v. Chr.). Als einfacher Schafhirte aufgewachsen kam er an den Hof des Königs Saul. Dieser war der erste König des Volkes Israel, in der Not und Bedrängnis ernannt, denn er sollte das Land und die Stämme Israels vor der heranrollenden Übermacht der Philister schützen. Die Philister gehörten zu den sogenannten Seevölkern, die durch ihre technische und militärische Überlegenheit Stück für Stück ins Landesinnere vordrangen, um ganze Landstriche in Besitz zu nehmen. In der

Geschichtssage von David und Goliath wird nun erzählt, wie sich der junge David durch seinen besonderen Mut auszeichnet und so an den Hof des Königs gelangt, um später, nach vielen kriegerischen Auseinandersetzungen, selber den Königsthron zu besteigen.

Perspektive

Für Kinder ist diese Erzählung nach wie vor absolut faszinierend, da die Figur des David sehr zur Identifikation einlädt. Mit großem Selbst- und mit Gottvertrauen tritt er dem Bösen in Form des Goliath entgegen und schafft das Unmögliche. In dieser Geschichte steht für mich mit Blick auf die Kinder die ermutigende Perspektive im Vordergrund: Glaube an dich und an deine eigenen Kräfte. Habe Vertrauen – auch in der Bedrängnis! Aus dieser Sicht zählt die Erzählung „David und Goliath" zu den Kindermutmachgeschichten. Aus religionspädagogischer Perspektive kommt ein weiterer Aspekt hinzu: David konnte mutig sein, weil er darum wusste, dass Gott zu ihm hält. Für Kinder ist diese Erfahrung ganz elementar: Zu wissen, ich bin nicht allein, sondern jemand hält zu mir und stärkt mir den Rücken. So kann diese Geschichte auch eine Anregung für die Erwachsenen sein: Kinder brauchen verlässliche Partner, die ihnen den Rücken stärken, damit sie mutig und mit einem Grundvertrauen den Herausforderungen der Welt begegnen können.

Bedenken gibt es immer wieder bezüglich der gewaltsamen Lösung in dieser Geschichte. Ich halte in dieser Trommelgeschichte wie in der Originalfassung am gewaltsamen Tod des Goliath fest, um deutlich werden zu lassen, dass – ähnlich wie die verbrannte Hexe bei Hänsel und Gretel – das Böse wirklich besiegt ist und sich die Angst wandeln darf.

Lied

CD 1 · Nr. 8

Shalom Chaverim

Text und Musik: traditionell aus Israel

Ein Volklied aus Israel eignet sich wunderbar, um die Kinder auf die jüdische Kultur einzustimmen. „Shalom" ist ein traditioneller Begrüßungsruf in Israel und heißt übersetzt „Friede mit dir!" Dieses Lied ist seit der Friedensbewegung auch bei uns sehr bekannt.

Der Text heißt übersetzt: „Friede sei mit euch, Freunde! Auf Wiedersehen!"

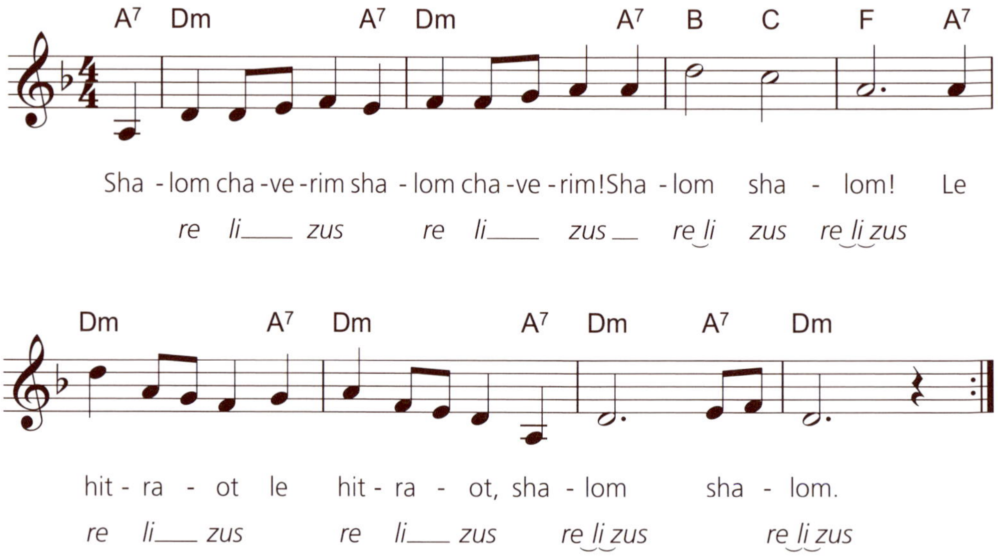

Das Lied kann mit einem einfachen Trommelrhythmus begleitet werden:

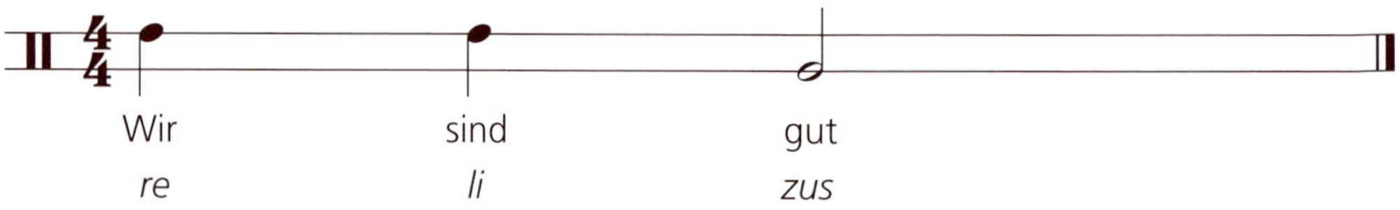

Lied

Shalom Chaverim

Das Playback

CD 2 · Nr. 7

0:00 – 0:48	Intro
0:49 – 1:25	Das Lied wird 2 x gemeinsam gesungen
1:26 – 1:42	Alle trommeln gemeinsam zur Musik im Rhythmus „Wir sind gut!“
1:43 – 1:59	Gemeinsam das Zwischenspiel hören
2:00 – 2:16	Alle singen das Lied 1 x (ohne Trommeln)
2:17 – Ende	Alle singen und trommeln gleichzeitig

Trommelgeschichte

Die Geschichte beginnt mit einem mächtigen Volk – das Volk der Philister. Sie hatten so viele Soldaten, dass man sie kaum zählen konnte. Dieses gewaltige Heer zog los, um ein kleines Land zu erobern: das Land Israel.

Zwischen den Bergen hallte ihr fürchterlicher Schlachtruf wider:

Die Erzählerin spricht den Schlachtruf ohne Trommeln rhythmisch vor und die Kinder wiederholen ihn. So lernen die Kinder den Ruf kennen.

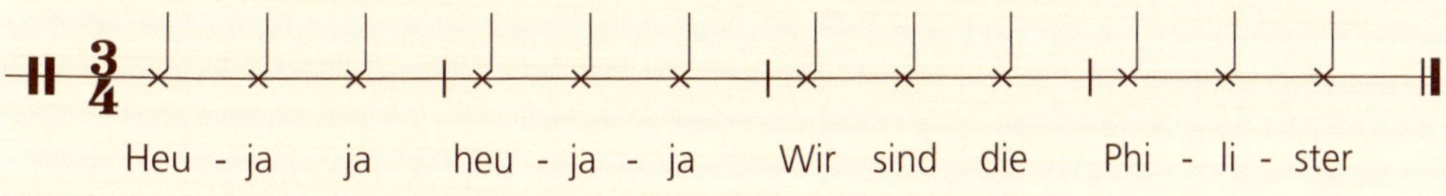

Die Erzählerin stimmt mit der Trommel den 3/4-Rhythmus an und alle Kinder trommeln mit.

In den gemeinsamen Trommelrhythmus ruft die Erzählerin mehrmals den Schlachtruf und die Kinder wiederholen ihn.

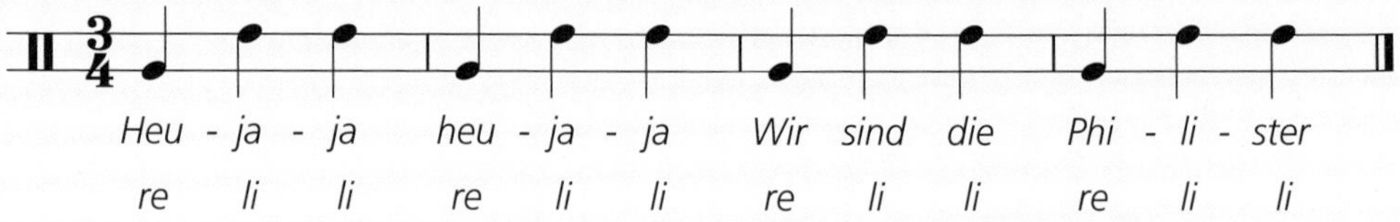

Der König der Israeliten hieß Saul. Als er hörte, dass dieses riesige Heer anrückte, sammelte er sofort die Soldaten um sich. Im Vergleich zu den Philistern hatte er nur wenige Kämpfer und diese waren auch noch schlecht bewaffnet. Aber mit großem Mut zogen sie den Philistern entgegen.

Die Erzählerin spricht jeden Vers einzeln ohne Trommeln rhythmisch vor und die Kinder wiederholen ihn.

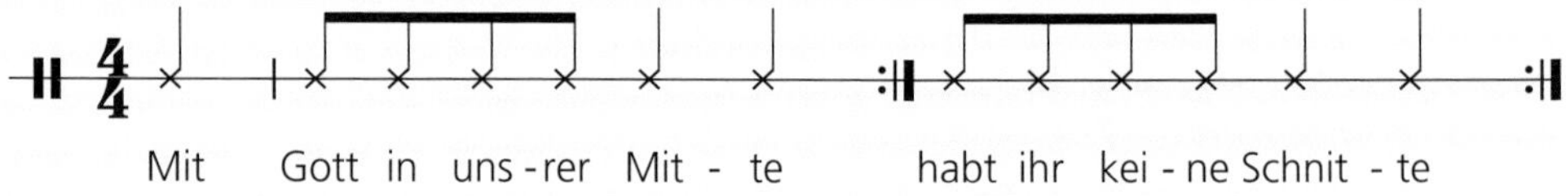

Die Erzählerin stimmt mit der Trommel den 4/4-Rhythmus an und alle trommeln mit.

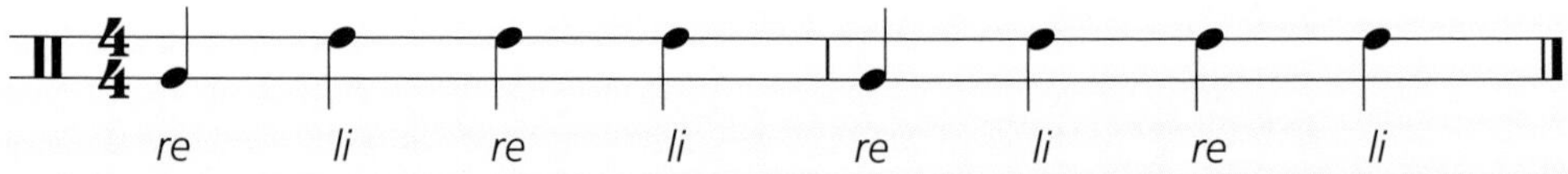

Im Trommelrhythmus ruft zuerst die Erzählerin einen Vers, dann wiederholen alle.

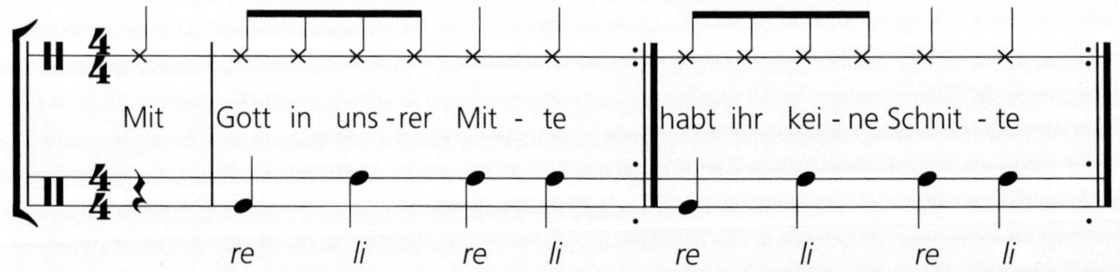

In einem Tal trafen die beiden Heere aufeinander.

Auf der einen Seite entstand das gigantische Lager der Philister und auf der anderen Seite des Tales errichteten die Israeliten ihr kleines Lager.

Unter den Philistern aber war ein Soldat, der über die Grenzen hinweg berühmt war. Denn er war so groß wie ein ausgewachsener Baum und so stark wie ein Löwe. Er hatte ein scharfes Schwert an seiner Seite, einen Panzer aus Erz und einen Wurfspeer so hoch wie ein Kirchturm. Sein Name war Goliath.

Jeden Tag stellte sich Goliath vor das Lager der Philister und dann erschallte seine gewaltige Stimme:

Die Erzählerin spricht wieder im Rhythmus jeden Vers einzeln und die Kinder wiederholen ihn.

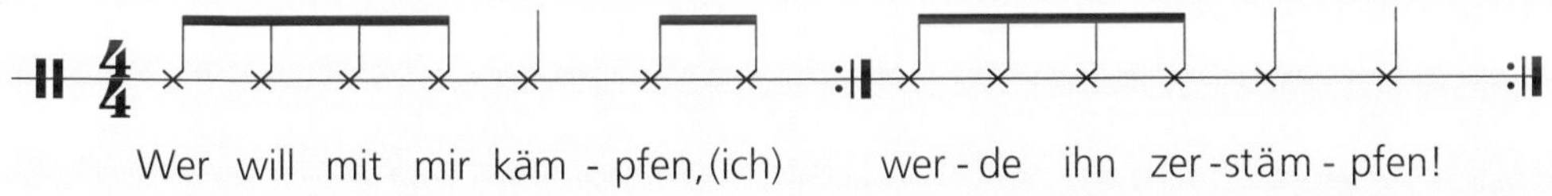

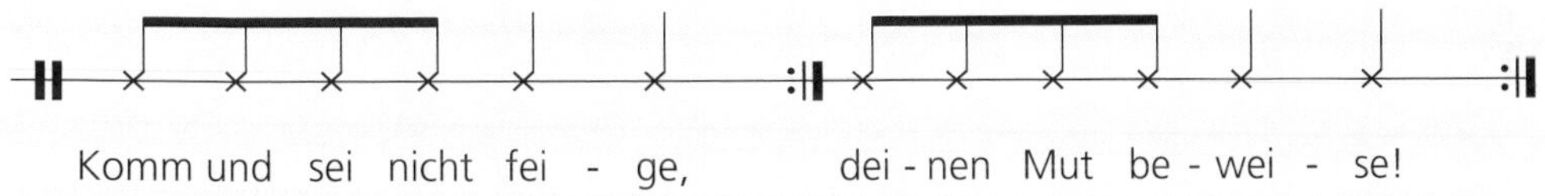

Dann stimmt sie den 4/4-Rhythmus mit der Trommel an und alle Kinder trommeln mit.

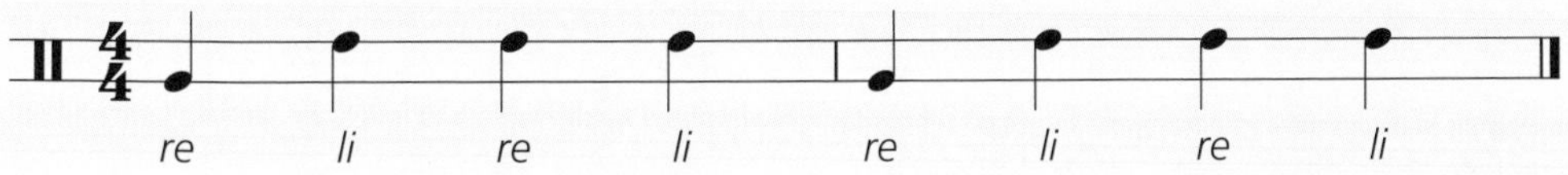

Im Trommelrhythmus ruft die Erzählerin einen Vers und die Kinder wiederholen ihn.

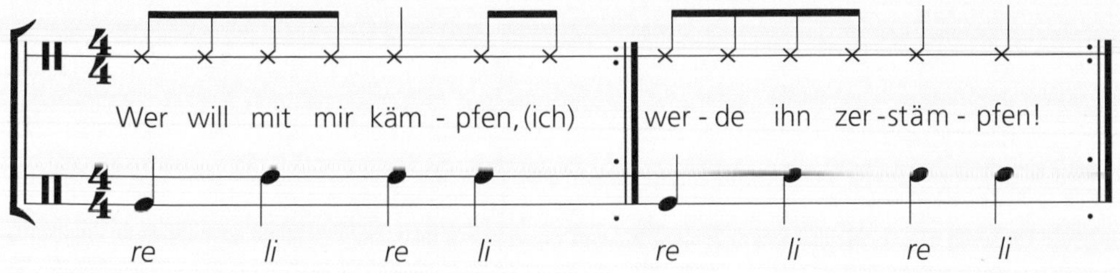

David und Goliath

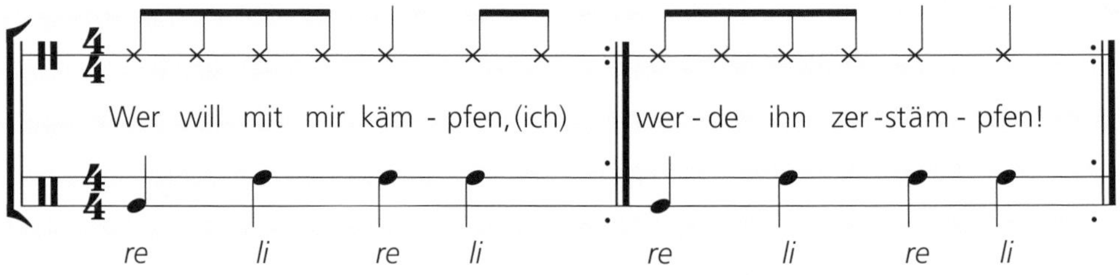

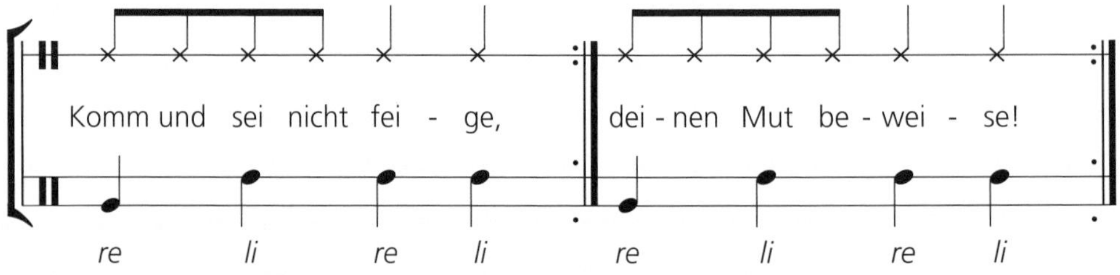

Jeden Tag rief Goliath dasselbe, fluchte und verspottete die Israeliten. Und jedes Mal zitterten die Israeliten vor Angst.

Alle trippeln leise mit den Fingerspitzen am Rand der Trommel.

Und die Philister jubelten vor Stolz.

Alle trommeln und jubeln – laut und wild.

Eines Tages kam ein einfacher Schafhirte in das Soldatenlager der Israeliten, um nach seinen Brüdern zu schauen. Er war noch recht jung. Sein Name war David.

Er kam genau in dem Moment, wo der Riese auf der anderen Seite stand und brüllte, dass das ganze Tal nur so erzitterte:

Alle trommeln sofort den 4/4-Rhythmus. Die Erzählerin ruft in diesen Trommelrhythmus die einzelnen Verse des Goliath und die Kinder wiederholen diese laut.

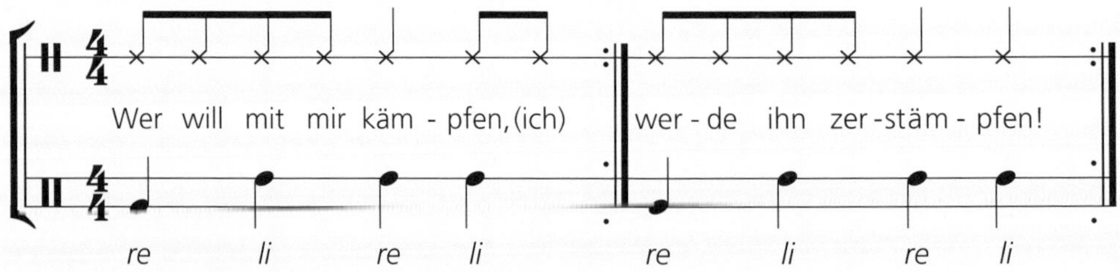

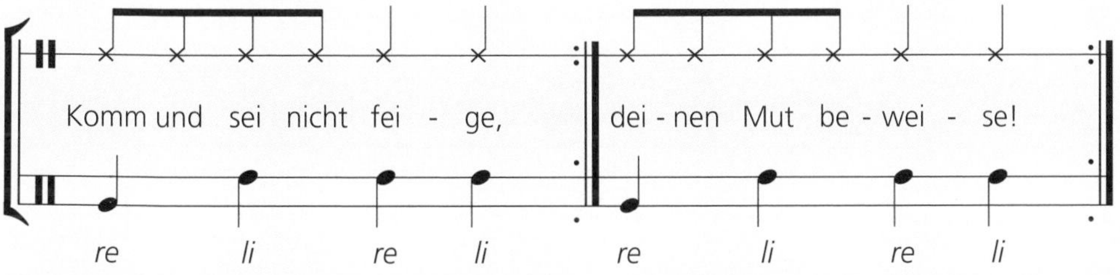

Zum Schluss brüllte Goliath: „Hey, ihr Israeliten! Ihr zittert ja vor Angst! Wo ist denn euer Gott? Hilft er euch nicht mehr? Hahaha!" Und sein Lachen schallte durch das ganze Tal.

Und die Israeliten zitterten wirklich vor Angst.

Alle trippeln leise mit ihren Fingerspitzen am Rand der Trommel.

Und die Philister jubelten voller Stolz.

Alle trommeln und jubeln ganz laut und wild miteinander.

Als David das hörte, wurde er so wütend, wie noch nie zuvor in seinem Leben. Wer wagte es, seinen Gott so zu beleidigen und zu verspotten? Und keiner, ja keiner trat Goliath entgegen!

So sprach David zu seinen Brüdern: „Ich werde mit ihm kämpfen!"

Doch seine Brüder lachten ihn nur aus und Eliab – das war der älteste Bruder von David – schimpfte: „Du Dummkopf – du willst dich nur wichtig machen. Geh wieder zu deinen Schafen!"

Aber David war kein Dummkopf, nein, sondern ein Dickkopf, und er nahm seine Flöte und ging zum Zelt des Königs.

König Saul saß dort und ließ traurig den Kopf hängen.

„Mein König!", sprach David, „bitte erfüllt mir einen Wunsch: Lasst mich gegen Goliath kämpfen."

Aber Saul schaute ihn nur mitleidig an: „Ach mein Junge, lass gut sein, der Tod kommt früh genug. Niemand kann Goliath besiegen."

Doch David blieb hartnäckig und flehte: „Mein König, bitte gebt mir euren Segen. Ich habe keine Angst vor ihm. Gott wird mir helfen!"

Da segnete der König den David: „Geh! Möge Gott dir wirklich beistehen!"

So nahm David seine Flöte und seinen Hirtenstab und zog los.

Auf der anderen Seite des Tales aber rüsteten sich die Philister zum großen Kampf. Und sie riefen mit Stolz ihren Schlachtruf:

Die Erzählerin stimmt mit der Trommel den 3/4-Rhythmus an und alle Kinder trommeln mit.

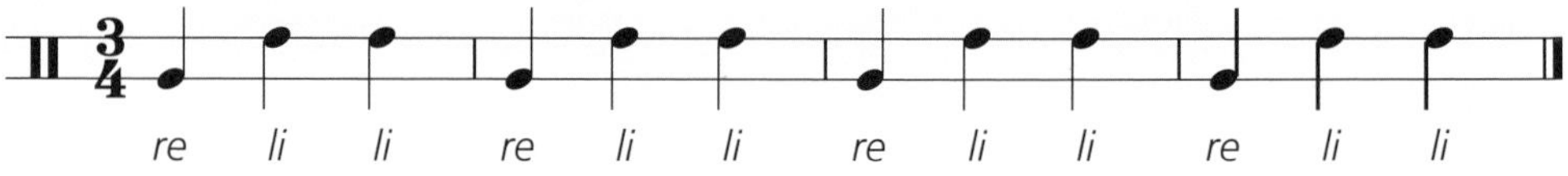

In diesen Trommelrhythmus ruft sie wieder den Schlachtruf vor und die Kinder wiederholen ihn.

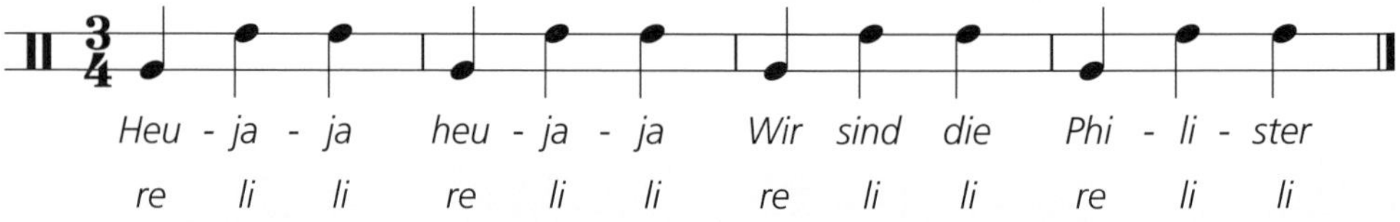

Die Israeliten versuchten sich gegenseitig Mut zu machen und riefen den Philistern laut entgegen:

Der 4/4-Rhythmus wird angestimmt und alle trommeln mit.

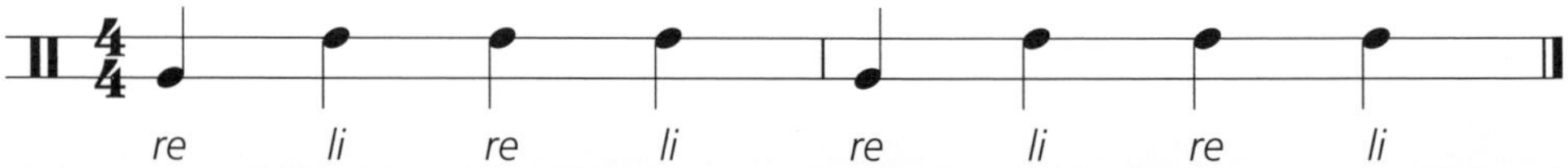

Sie ruft den Schlachtruf und alle wiederholen ihn. Um die Angst der Israeliten an dieser Stelle zu verdeutlichen, wird das gemeinsame Rufen und Trommeln langsamer und leiser.

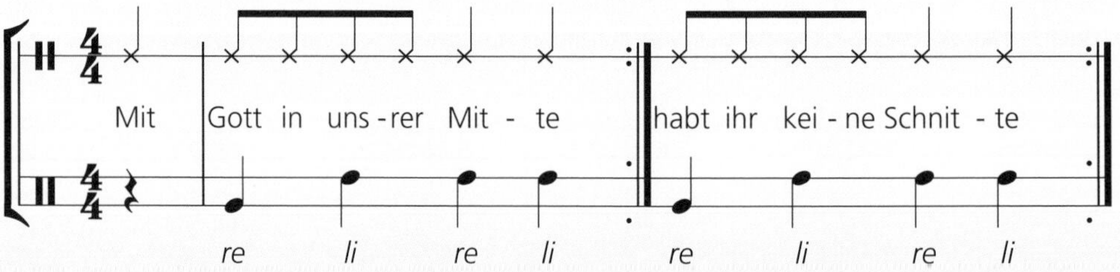

Als es Abend wurde, ging David hinunter zum Bach und suchte sich fünf glatte Steine aus und legte sie in seine Tasche, in der sich eine Steinschleuder versteckte.

So lief er Goliath entgegen.

Dieser stand wieder vor dem Lager der Philister und brüllte, dass die Erde zitterte:

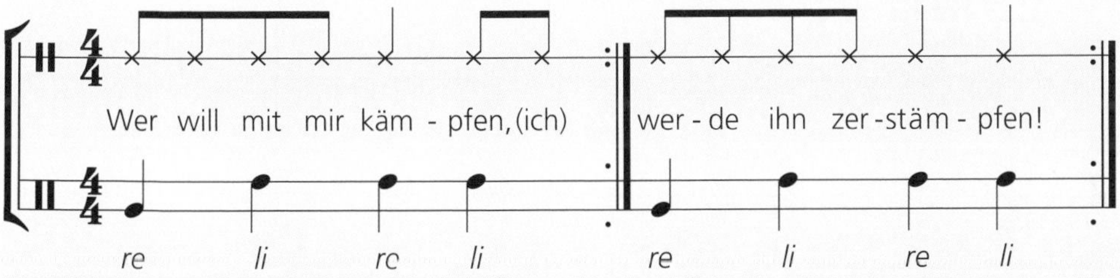

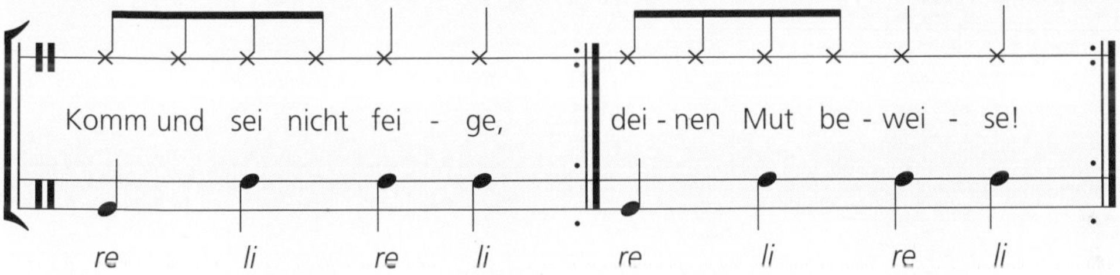

Als er aber David erblickte, ertönte sein Lachen durch das ganze Tal.

„Was denn? Du kleines Kerlchen willst gegen mich kämpfen? Du hast ja noch nicht einmal ein Schwert! Komm nur her, Bürschchen. Ich zerquetsche dich wie eine Fliege. Die wilden Tiere sollen dich fressen!“

Als die Israeliten dies hörten, bekamen sie noch mehr Angst und zitterten.

Alle trommeln leise mit ihren Fingerspitzen am Trommelrand.

Doch die Philister jubelten so laut sie nur konnten:

Alle trommeln und jubeln – laut und wild.

Nun – was geschah?

Die Erzählerin flüstert:

„Wir kommen nun zum Höhepunkt der Geschichte. Dies erlaubt es uns, mit den Fingerspitzen einen kleinen Trommelwirbel anzustimmen.“

Alle trommeln leise am Rand der Trommel.
In diesen Trommelwirbel spricht die Erzählerin weiter:

David blieb ruhig und rief ihm entgegen:

*„Du kommst zu mir mit Schwert, Lanze und Speer.
Aber ich komme im Namen Gottes, den du so verspottet und beleidigt hast."*

Der Trommelwirbel wird etwas lauter.

Blitzschnell holte David einen Stein aus der Tasche, legte ihn in seine Schleuder – und schon sauste der Stein durch die Luft.

Der Trommelwirbel steigert sich noch mehr – die Erzählerin zählt langsam:

„1" – „2"

Stopp: Alle stoppen auf einmal den Trommelwirbel und heben die Arme nach oben.

„Und die letzte Zahl heißt – 3!"

Auf „3" führen alle zusammen einen gemeinsamen Schlag auf der Trommel aus.

Der Stein traf Goliath mitten auf die Stirn.

Wie ein gefällter Baum stürzte der Riese zu Boden und blieb regungslos liegen. Blitzschnell lief David zu ihm, packte Goliaths Schwert und hieb ihm den Kopf ab. Als die Philister das sahen, zitterten sie vor Angst.

Alle trippeln leise mit ihren Fingerspitzen am Trommelrand.

Die Philister flohen so schnell sie nur konnten.

Die Israeliten aber – schwiegen. Es hatte ihnen die Sprache verschlagen. Wie konnte dies nur geschehen? Als es ganz still wurde im Tal, da begriffen sie auf einmal: Gott hatte ihnen wirklich zur Seite gestanden. Den Kleinen und Schwachen hilft er in der Not und lässt ihnen Flügel wachsen. Denn in Gottes Augen sind die Kleinen ganz groß!

Als sie dies verstanden hatten, erklang ihr Jubel durch das ganze Tal.

Alle trommeln und jubeln – ganz laut und wild.

Lied

Gestern, heute und morgen

Text und Musik: Herbert Adam

CD 1 · Nr. 9

In der TANACH, die in weiten Teilen dem (alten) ersten Testament der christlichen Bibel entspricht, gibt es eine wunderbare Sammlung von Liedern: das Buch der Psalmen. Diese Lieder sind Ausdruck einer tiefen, aber auch wechselhaften Beziehung zwischen Jahwe und dem Menschen. Einer der bekanntesten Psalmen ist Psalm 139: „Herr, du kennst mich".

Das Lied „Gestern, heute und morgen" von Herbert Adam greift das Grundmotiv dieses Psalms auf und bezieht es auf die Lebenswelt der Kinder.

Lied

Strophe 2
Ob ich fast den Kopf verliere, weil ich Mathe nicht kapiere,
ob ich recht die Worte schreibe oder Spitzensport betreibe,
ich bin dir nicht unbekannt …

Strophe 3
Ob ich Hausaufgaben mache oder über Witze lache,
ob ich durch den Wald marschier' oder brülle wie ein Tier,
ich bin dir nicht unbekannt …

Strophe 4
Ob ich schaffe und was tue oder ganz gemütlich ruhe,
ob ich esse oder trinke, tief in einem Traum versinke,
ich bin dir nicht unbekannt …

Begleitung zum Lied:

Aktion: Der Refrain kann von allen mit Gesten und Trommeln begleitet werden.

Ges - tern	mit den Daumen 2 x nach hinten zeigen
Heu - te	mit beiden Händen 2 x auf die Trommel schlagen
Mor - gen	mit den Zeigefingern 2 x nach vorne zeigen
bin ich geborgen	mit den Armen hin und her wiegen
in deiner Hand	mit den Händen sanft über das Trommelfell streicheln

Lied

Gestern, heute und morgen

Das Playback

CD 2 · Nr. 8

0:05 – 0:42	Der Refrain wird 2 x gesungen und mit Gesten und Trommeln begleitet
0:43 – 1:02	1. Strophe wird vorgesungen *Hinweis: Zu den Strophen können sich die Kinder Bewegungen überlegen, die dann gemeinsam umgesetzt werden.*
1:03 – 1:20	Refrain mit Gesten und Trommeln
1:23 – 1:38	2. Strophe
1:40 – 2:00	Refrain mit Gesten und Trommeln
2:02 – 2:18	3. Strophe
2:20 – 2:56	Der Refrain wird 2 x mit Gesten und Trommeln gesungen
2:57 – 3:15	Der Refrain wird ganz leise mit Gesten und Trommeln gesungen
3:16 – Ende	Der Refrain wird ganz laut mit Gesten und Trommeln gesungen

Merkblatt zur Trommelgeschichte®

Trommelreise · Markus Hoffmeister

David und Goliath

die Philister	*Die Geschichte beginnt mit einem mächtigen Volk – das Volk der Philister.* *Das gewaltige Heer zog los, um ein kleines Land zu erobern: das Land Israel.* • Schlachtruf der Philister: Hey ja-ja Hey ja-ja – Wir sind die Philister
das Volk Israel	*Der König der Israeliten hieß Saul.* *Aber mit großem Mut zogen sie den Philistern entgegen.* • Schlachtruf der Israeliten: Mit Gott in unsrer Mit-te – habt ihr keine Schnit-te *In einem Tal trafen die beiden Heere aufeinander.*
Goliath	*Unter den Philistern aber war ein Soldat, der über die Grenzen hinweg berühmt war.* • Schlachtruf des Goliath: Wer will mit mir kämpfen, ich werde ihn zerstämpfen! Komm und sei nicht feige, deinen Mut beweise! *Und jedes Mal zitterten die Israeliten vor Angst.* • Alle trippeln leise mit ihren Fingerspitzen am Rand der Trommel. *Und die Philister jubelten vor Stolz.* • Alle trommeln und jubeln – laut und wild.
David	*Eines Tages kam ein einfacher Schafhirte in das Soldatenlager der Israeliten.* *Und Goliath brüllte:* • Schlachtruf des Goliath *Und sein Lachen schallte durch das ganze Tal.* • Angst der Israeliten: Leises Fingertrippeln • Jubel der Philister: Trommeln und jubeln *Als David das hörte, wurde er so wütend, wie noch nie zuvor in seinem Leben.*
David geht zum König	*Seine Brüder lachten ihn aus, doch David ging zum König!* *Der König segnete den David: „Geh! Möge Gott dir wirklich beistehen!“*
die Schlacht wird vorbereitet	• Schlachtruf der Philister • Schlachtruf der Israeliten *Als es Abend wurde, ging David hinunter zum Bach.* *So lief er Goliath entgegen.* • Schlachtruf des Goliath *Als er aber David erblickte, ertönte sein Lachen durch das ganze Tal.* • Angst der Israeliten: Leises Fingertrippeln • Jubel der Philister: Trommeln und jubeln • Alle trommeln leise einen Trommelwirbel.
der Kampf	*David blieb ruhig. Holt Stein aus der Tasche.* • Trommelwirbel steigert sich langsam. Laut bis „3“ zählen. • Auf „3“ schlagen alle gemeinsamen auf ihre Trommel. *Wie ein gefällter Baum stürzte Goliath zu Boden.* • Angst der Philister: Leises Fingertrippeln *Die Philister flohen so schnell sie nur konnten.* *Die Israeliten aber – schwiegen.*
die Kleinen ganz groß	*Denn in Gottes Augen sind die Kleinen ganz groß!* • *Jubel der Israeliten: Trommeln und jubeln*

Hintergrund

Franz von Assisi (1182 – 1226) ist für mich eine der faszinierendsten Figuren der Kirchengeschichte. Als Sohn eines reichen Kaufmanns führte er ein ausschweifendes Leben und finanzierte mit dem Geld seines Vaters große Feste und Gelage. So ist es leicht vorstellbar, dass er bei der Jugend der Stadt äußerst beliebt war. Um 1202 zog er in den Krieg gegen die Nachbarstadt Perugia, um seinen Jugendtraum, ein Ritter zu werden, wahr werden zu lassen. Doch es kam völlig anders: Er geriet in Gefangenschaft und erst 1204 kam er durch ein hohes Lösegeld seines Vaters wieder frei, allerdings schwer krank. Dieses Erlebnis ließ sein Lebenskonzept wanken und stellte seine Wertvorstellungen auf den Kopf. Langsam zog er sich aus seinem Freundeskreis zurück, eine große Leere ließ ihn rastlos durch die Berge Umbriens umherwandern. Dabei nahm er auf einmal die Armut vor den Toren der Stadt wahr und all das Leid, was damit verbunden war. Er entwickelte ein Gespür für die soziale Ungleichheit und Ungerechtigkeit und verteilte die Waren aus dem Laden seines Vaters als Almosen. Der Vater war natürlich völlig fassungslos, sollte doch sein Sohn die Geschäfte weiterführen. In einem öffentlichen Streit vor dem Richterstuhl kam es dann zu der legendären Szene, wo sich Franziskus vollständig entkleidete und mit dieser großen Geste auf das väterliche Erbe verzichtete. Fortan lebte Franziskus außerhalb der Stadtmauern in den umbrischen Wäldern als Einsiedler und zog als Bettler von Ort zu Ort. Seine Grundorientierung wurde das Evangelium, welches er nach seinem Verständnis so konkret wie möglich leben wollte. Dazu gehörte für ihn die völlige Armut und der Respekt vor allen Geschöpfen dieser Erde. Sein Leben stieß auf große Resonanz, junge Leute aus Assisi und Umgebung schlossen sich ihm an, es wuchs eine Bewegung mit eigener Dynamik aus der später der Franziskanerorden entstand.

Die Lebensweise von Franziskus und seiner Weggefährten erregte solches Aufsehen, dass schon in seinen letzten Lebensjahren und direkt nach seinem Tod viele Schriften entstanden, in denen das Leben von Franziskus erzählt wurde.

So entstand auch im 14. Jahrhundert die Sammlung der Fioretti, in denen Legenden und Geschichten zusammengefasst wurden. Diese Erzählungen geben auf eindrucksvolle Weise den Geist des Franziskus wieder. Aus dieser Sammlung stammt auch die Legende „Der Wolf von Gubbio".

Perspektive

Frieden und Versöhnung – dafür hat Franziskus gelebt. In der Legende „Der Wolf von Gubbio" wird dieses zentrale Anliegen auf wunderbare Weise erzählt.

Aus dieser Geschichte ergeben sich für Kinder wertvolle Perspektiven, die helfen können, Konflikte gewaltfrei zu lösen.

Am Anfang steht für Franziskus das Mitgefühl. Obwohl er persönlich von dem Konflikt nicht betroffen ist, spürt er die Angst der Bürger und übernimmt Verantwortung. Er schaut in dieser Konfliktsituation nicht weg.

Auch dem Wolf gegenüber zeigt er sein Mitgefühl und die grundlegende Einsicht, dass jedes Geschöpf ein Recht darauf hat, geliebt und anerkannt zu werden.

Dieses Mitgefühl öffnet den Raum für Verwandlung und beendet die Spirale der Gewalt. Jedes mal, wenn ich mit Kindern diese Geschichte erzähle, erlebe ich genau hier – an dieser Stelle – den großen Durchbruch: Der Wolf ist bereit zum Angriff, die Kinder halten den Atem an – da springe ich auf und breite meine Arme aus und erzähle: „Komm her, Bruder Wolf!" Die Kinder schauen mich völlig überrascht an, denn damit hat niemand gerechnet. Genau deshalb halte ich diese Geschichte für so wertvoll: Sie zeigt uns, wie sich ein Raum öffnet, wenn wir im Konfliktfall mit Liebe und Respekt reagieren und nicht mit Anklage und Hass.

Achtung! Der Wolf kommt!

Trommelgeschichte

Ich möchte euch von einer Stadt erzählen – herrlich gelegen – mitten in den Bergen Umbriens. Das liegt in Italien. Besonders in der Frühlingszeit, wenn alles blüht, war es dort so schön, dass selbst die Bettler Gott dafür dankten, hier geboren worden zu sein. Die Stadt hieß Gubbio.

Die Einwohner waren mächtig stolz auf ihre Stadt.

Und wenn sie Feste feierten, dann durfte ein Lied nicht fehlen:

CD 2 · Nr. 9

Gubbio-Song

Lied

Text und Musik: Markus Hoffmeister

Dieses Lied kann gesungen und getrommelt werden.
Noten und Rhythmus stehen am Ende der Trommelgeschichte (Seite 90).

Aber die Zeit, von der ich euch jetzt erzähle, war eine andere.

Der Winter war hart. Der Boden war wie Stein gefroren und eine dicke Schneeschicht bedeckte ihn. Die Menschen hatten Hunger und litten große Not.

Zu jener Zeit lebte in der Gegend von Gubbio ein Wolf.
Nicht irgendein Wolf, nein: der Wolf von Gubbio!

CD 2 · Nr. 10

Wolf von Gubbio

Lied

Text und Musik: Markus Hoffmeister

Die vollständige Trommelfassung des Liedes findet sich am Ende
der Trommelgeschichte (Seite 91).

Nichts war vor ihm sicher. Die Tiere nicht – und auch nicht die Menschen.
Alle Bewohner von Gubbio lebten in großer Angst.

Alle trippeln leise mit den Fingerspitzen am Rand der Trommel.

Wenn die Nacht hereinbrach, verriegelten sie Türen und Fenster.

Der Bürgermeister von Gubbio war ein schlauer und gewissenhafter Mann. Er hatte bereits die stärksten und mutigsten Männer der Stadt in den Wald geschickt, um den Wolf zu jagen. Vergebens!

In einer schlaflosen Nacht kam ihm plötzlich eine Idee. Als der neue Tag erwachte, suchte der Bürgermeister zwei Männer aus und schickte sie mit einer Nachricht zu…

– Franziskus.

Dieser war in der ganzen Gegend dafür bekannt, dass er alle Tiere, alle Menschen, ja alle Geschöpfe Gottes liebte und verehrte – und die Geschöpfe Gottes liebten ihn.

Wie ein Bettler gekleidet zog er singend durch die Berge.

Die Erzählerin kann an dieser Stelle das Franziskuslied vorsingen.
Die Kinder haben dann die Melodie und den Text schon einmal gehört und können so am Ende der Geschichte das Lied leichter erlernen.

Laudato si — Lied

CD 2 · Nr. 11

Text: Traditionell · Musik: Markus Hoffmeister

Noten und Rhythmus stehen am Ende der Trommelgeschichte (Seite 92).

Als Franziskus in die Stadt kam, empfingen ihn die wichtigsten Männer und baten ihn um seine Hilfe.

Als er antwortete, war es mucksmäuschenstill: „Ich werde mich mit dem Wolf treffen und mit ihm einen Vertrag abschließen. Doch zuvor müsst ihr mir hoch und heilig versprechen, dass ihr – Bürger der Stadt – diesen Vertrag auch halten werdet."

Die Männer schauten sich verblüfft an, Franziskus war für seine Verrücktheiten bekannt, jetzt, dachten sie, ist er völlig übergeschnappt.

Einen Vertrag abschließen – mit einem Wolf? Hatte man so etwas schon gehört!

Aber keiner in der Stadt wusste eine andere Lösung, also sprach der Bürgermeister: „Wir tun, was du von uns verlangst."

Die Nachricht breitete sich in Windeseile in der ganzen Stadt aus:
das Treffen zwischen Franziskus und dem Wolf sollte am nächsten Tag stattfinden.

Und alle kamen aus ihren Häusern und versammelten sich auf den hohen Stadtmauern. Von dort konnten sie gut gucken und – vor allem waren sie dort sicher.

Alle streichen mit der flachen Hand über die Trommel.
In diese Bewegung hinein wird weitererzählt:

*Plötzlich hörte man ein Rascheln. Früher als erwartet zeigte sich der Wolf.
Wie ein Schatten tauchte er auf.*

Alle streichen mit den Fingerspitzen über die Trommel.
Währenddessen wird weitererzählt:

Jeder konnte hören, wie sich der Wolf seine Krallen schärfte.

Und dann drang ein dumpfes Grollen aus seiner Kehle:

Alle drehen die Trommel um und auf ein Signal hin grollen („grrrrrrr") alle gleichzeitig in den Hohlkörper der Trommel hinein.

Doch plötzlich hob der Wolf seine Nase in die Luft. Er roch – Menschenfleisch. Da sah er den Franziskus auf sich zukommen, sein ganzes Fell sträubte sich, er fuhr die Krallen aus und machte sich bereit zum Sprung …

Da breitete Franziskus seine Arme aus und rief mit ruhiger Stimme: „Komm zu mir, Bruder Wolf! Die Bürger von Gubbio sollen sehen, dass du kein böser Wolf bist."

*Bei diesen Worten duckte sich der Wolf.
Er kroch Franziskus entgegen und blieb vor dessen Füßen liegen.*

Und Franziskus sprach: „Bruder Wolf! Du hast großes Unheil angerichtet. Kein Wunder, dass dich die Menschen hassen. Trotzdem will ich Frieden stiften zwischen dir und den Bürgern von Gubbio. Denn ich weiß: Du hast aus Hunger getötet. Darum erhältst du künftig dein Futter von den Bewohnern der Stadt. Wie einen Bruder sollen sie dich behandeln. Aber du, du fügst niemanden mehr ein Leid zu, versprichst du mir das?"

Kaum hatte Franziskus seine Bitte vorgebracht, da setzte sich der Wolf auf die Hinterläufe, sperrte sein riesiges Maul auf und stieß zur Bestätigung ein tiefes Geheul aus.

Alle drehen die Trommel um und heulen auf ein Signal hin gleichzeitig
in den Hohlkörper der Trommel wie ein Wolf.

*In diesem Augenblick erschien der Schimmer einer Rose am Himmel,
ein feiner warmer Regen kündigte den Frühling an.*

Die Kinder trippeln leise mit ihren Fingern auf dem Trommelfell.

Franziskus legte den Arm um den Hals vom Wolf und sagte: „Komm, ich werde dich deinen neuen Freunden vorstellen." Und Seite an Seite gingen Franziskus und der Wolf in die Stadt hinein.

Die Bürger von Gubbio bekamen eine Gänsehaut, als sie den riesigen Wolf auf ihrem Marktplatz sahen.

Der Bürgermeister aber empfing den Wolf wie einen neuen Mitbürger.

Da erwachte die alte Fröhlichkeit in der Stadt, die Menschen fielen sich in die Arme und riefen voller Begeisterung … :

Die Erzählerin fragt die Kinder, was die Bürger wohl gerufen haben und greift einen Vorschlag auf. Sie zählt dann bis „3" und dann rufen alle den Vorschlag des Kindes und trommeln dazu laut und wild.

So lebte der Wolf bis an sein Ende friedlich in Gubbio. Er bekam zu essen, was er brauchte, die Kinder spielten auf der Straße und er schaute zu.

Und noch lange erinnerten sich die Bürger voller Dankbarkeit daran, wie Franziskus es schaffte, allein durch seine Liebe den Wolf zu verwandeln. Ja, die Liebe kann viel erreichen.

Und noch bis heute erklingt das Lied des Franziskus
zwischen den Bergen Umbriens …

Laudato si

Lied

CD 2 · Nr. 11

Text: Traditionell · Musik: Markus Hoffmeister

Das Lied kann am Ende gesungen und getrommelt werden.
Noten und Rhythmus stehen auf Seite 92.

Lied

Gübbio-Song

CD 1 · Nr. 10

Text und Musik: Markus Hoffmeister

Mit folgendem Rhythmus lässt sich das Lied begleiten:

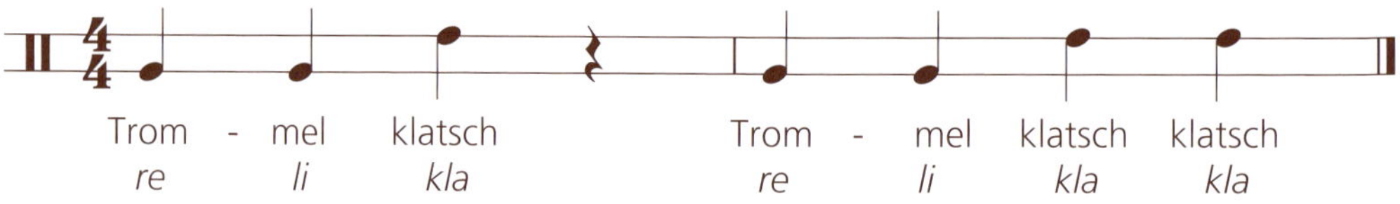

Gübbio-Song Das Playback

CD 2 · Nr. 9

0:00 – 0:18	Intro
0:18 – 0:54	Lied miteinander singen
0:54 – 1:11	„Trommelklatsch-Rhythmus" zunächst auf den Oberschenkeln trommeln
1:11 – 1:30	Zwischenmusik – Hände warm reiben
1:30 – Ende	Gleichzeitig singen und trommeln (Trommelklatsch-Rhyhtmus)

Lied

Wolf von Gubbio

Text und Musik: Markus Hoffmeister

CD 1 · Nr. 11

Wolf von Gubbio — Das Playback

CD 2 · Nr. 10

0:00 – 0:33	Intro
0:34 – 1:35	Die erste Strophe wird 4x nacheinander gesungen und die Kinder stimmen in den Gesang mit ein. Bei „Uuuaaah!" kreischen alle ganz laut und werfen ihre Arme nach vorne. Dann können die weiteren Strophen vorgesungen werden und die Kinder antworten jeweils am Ende mit „Uuuaaah!".
1:35 – 1:52	Zwischenspiel – alle schärfen sich die Krallen, indem sie die Fingernägel über die Oberschenkel kratzen.
1:53 – Ende	Alle singen ganz furchterregend mehrmals die erste Strophe und trommeln dazu.

Lied

Laudato si

CD 1 · Nr. 12

Text: Traditionell · Musik: Markus Hoffmeister

Der Liedvers findet seinen Ursprung in den ersten beiden Zeilen des wunderschönen „Sonnengesangs", den Franziskus während einer schweren Krankheit um 1225 verfasste. Dieses Loblied spiegelt seine Spiritualität wider: Alles, was lebt, ist ein großes Wunder. – Übersetzt heißt es: Sei gepriesen, mein Herr!

Das Lied kann mit dem 3/4-Rhythmus auf den Trommeln begleitet werden:

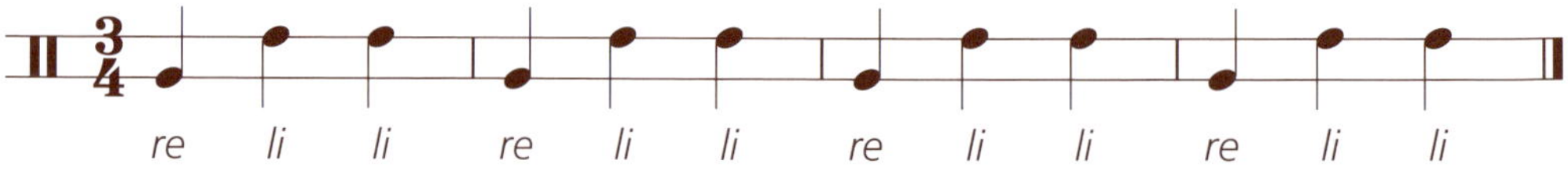

Laudato si — Das Playback

CD 2 · Nr. 11

0:00 – 0:13	Intro
0:13 – 1:35	Der Vers wird mehrmals ohne Trommeln gesungen
1:05 – 1:12	Zwischenspiel – jetzt beginnen alle den 3/4-Rhythmus zu trommeln
1:12 – Ende	Alle singen und trommeln

Merkblatt
zur Trommelgeschichte®

Trommelreise · Markus Hoffmeister

Der Wolf von Gubbio

die Stadt Gubbio	*Ich möchte euch von einer Stadt erzählen …* *Und wenn sie Feste feierten, dann durfte ein Lied nicht fehlen …* • „Der Gubbio-Song"
ein harter Winter	*Der Winter war hart. Die Menschen hatten Hunger und litten große Not.* *Zu jener Zeit lebte in der Gegend von Gubbio ein Wolf.*
Wolf von Gubbio	• „Der Wolf von Gubbio"-Song *Alle Bewohner von Gubbio lebten in großer Angst.* • Alle trippeln leise mit den Fingerspitzen am Rand der Trommel.
die Idee des Bürgermeisters	*Der Bürgermeister von Gubbio war ein schlauer und gewissenhafter Mann.* *Er schickte zwei Männer mit einer Nachricht für Franziskus.*
Franziskus	• Das Franziskuslied vorsingen.
der Vorschlag des Franziskus	*Franziskus kam in die Stadt.* *„Ich werde mich mit dem Wolf treffen und mit ihm einen Vertrag abschließen."* *So sprach der Bürgermeister: „Wir tun, was du von uns verlangst!"* *Die Nachricht breitete sich in der ganzen Stadt aus!* • Alle streichen mit der flachen Hand über die Trommel.
der Wolf kommt	*Plötzlich hörte man ein Rascheln. Früher als erwartet zeigte sich der Wolf.* • Alle streichen mit den Fingerspitzen über die Trommel. *Jeder konnte hören, wie sich der Wolf seine Krallen schärfte.* *Und dann drang ein dumpfes Grollen aus seiner Kehle:* • Alle drehen die Trommel um und auf ein Signal hin grollen („grrrrrr") alle gleichzeitig in den Hohlkörper der Trommel hinein. *Da sah der Wolf den Franziskus auf sich zukommen und machte sich bereit zum Sprung.* *Da breitete Franziskus seine Arme aus und rief mit ruhiger Stimme:* *„Komm zu mir, Bruder Wolf!"* *Der Wolf kroch Franziskus entgegen.*
„Bruder Wolf!"	*„Bruder Wolf! Du fügst niemanden mehr ein Leid zu, versprichst du mir das?"* • Alle drehen die Trommel um und heulen auf ein Signal hin gleichzeitig in den Hohlkörper der Trommel wie ein Wolf. *Ein feiner warmer Regen kündigte den Frühling an.* • Die Kinder trippeln leise mit ihren Fingern auf dem Trommelfell.
der Wolf in der Stadt	*Und Seite an Seite gingen Franziskus und der Wolf in die Stadt hinein.* *Der Bürgermeister empfing den Wolf wie einen neuen Mitbürger.* *Da erwachte die alte Fröhlichkeit in der Stadt, alle riefen voller Begeisterung:* • Vorschlag der Kinder wird gerufen und wild getrommelt. *So lebte der Wolf bis an sein Ende friedlich in Gubbio.*
Liebe kann verwandeln	*Ja, die Liebe kann viel erreichen.* *Und noch bis heute erklingt das Lied des Franziskus zwischen den Bergen Umbriens.*
Laudato si	• Laudato si

Noahs Taube

Noahs Taube

Hintergrund

Viele Religionen und Kulturen wissen von einer großen Flutkatastrophe zu erzählen. In der griechischen Mythologie wird die Deukalische Flut beschrieben. Die Inder kennen den Fisch Matsya, der den König Manu zum Bau einer Arche aufforderte. Auch die Kulturen der Babylonier und Perser erzählen von den von Göttern gewollten Vernichtungsaktionen gegen die Menschen.

In all diesen uralten Geschichten und Mythen spiegelt sich die Urangst des Menschen vor der totalen Zerstörung des Lebens wider. Die ganze Schöpfung ist in Gefahr, weil der Mensch seine Bestimmung verfehlt hat.

Die Erzählung von der Arche Noah ist in allen drei abrahamitischen Religionen Judentum, Christentum und Islam überliefert. In der türkischen Kultur wird jedes Jahr am

10. Tag des ersten Monats des Mondkalenders das Noah-Fest gefeiert. Dies ist der Tag, an dem die Arche auf dem Berg Ararat aufsetzte und somit die Menschheit vor der Sintflut errettet wurde. Der muslimischen Überlieferung nach hat Noah ein Festessen aus allen Resten zubereitet, die es noch auf seinem Schiff gab. Daher wird dieses Fest mit der sogenannten „Aschura-Suppe„ gefeiert.

Die jüdisch-biblische Erzählung im Buch Genesis (Kap.6 – 9) gehört zur Urgeschichte und ist an Dramatik kaum zu überbieten. Sie auf das reine Strafmotiv (die ungehorsamen Menschen müssen vernichtet werden) zu reduzieren, würde der Überlieferung nicht gerecht. Zu viele Zeichen der Hoffnung sind in dieser Erzählung enthalten: die Arche als Ort der Sicherheit und Geborgenheit; der grüne Zweig als Zeichen des Neubeginns; der Regenbogen als gültige Zusage für den neuen Bund zwischen Gott und dem Menschen.

Da die Geschichte vor allem in der jüdischen und muslimischen Tradition eine besondere Bedeutung hat, gibt es neben der eigentlichen Erzählung einige Legenden rund um die Flut und das Leben in der Arche.

Die Trommelgeschichte basiert auf der jüdisch-biblischen Überlieferung und integriert eine alte jüdische Legende vom Streit der Tiere an der Arche Noah.

Perspektive

In einigen Kindergärten und Grundschulen mit Migrationshintergrund wurden Projekttage durchgeführt oder Feste gefeiert, bei denen das Bild von der Arche Noah eine zentrale Bedeutung hatte. Da in allen drei monotheistischen Religionen (Judentum, Christentum und Islam) diese Geschichte verwurzelt ist, schafft sie eine Brücke zwischen den verschiedenen Traditionen und Kulturen und bietet sich somit für den interkulturellen und interreligiösen Dialog an. Denn das Motiv der Arche ist ein starkes Bild: So unterschiedlich wir auch sind, so sitzen wir alle in einem Boot und müssen gemeinsam versuchen dieses große „Weltschiff" auf Kurs zu halten.

Dieser Aspekt wird in dieser Trommelgeschichte durch die Integration einer alten jüdischen Legende vom Streit der Tiere verstärkt: Jeder hat etwas Besonderes an sich und ist auf seine Weise einzigartig.

Noahs Taube

Eine Erzieherin formulierte es auf einem Kindergartenfest so: „Auch wir sind so verschieden wie die Tiere und die Farben des Regenbogens. Jeder von uns ist anders. Aber es ist erst schön, wenn wir uns untereinander verstehen, wie wir sind. Weil wir alle zusammen in einem großen Boot, nämlich auf dieser Erde, leben und weil wir alle zusammen unter dem Regenbogen stehen."

Aus religionspädagogischer Perspektive ist der Regenbogen eines der wichtigsten Symbole: die Verbindung zwischen Himmel und Erde – zwischen Gott und dem Menschen. In der Arche-Noah-Erzählung wird dieses Zeichen als verbindliches Angebot gesetzt: Gott ist mit den Menschen und Tieren und begleitet auch mich durch die Stürme meines Lebens.

Diese Trommelgeschichte ist zum einen durch die vielen Tiermotive und zum anderen durch den schnellen Wechsel von Erzählung und Trommelaktion besonders für kleinere Kinder geeignet.

Trommelgeschichte

Es wird erzählt ...

Da war ein Mann, an dem Gott seine Freude hatte, denn er lebte so, wie es Gott gefällt. Sein Name war Noah. Er besaß eine Taube, die sehr klug und weise war. Sie stand dem Noah in schwierigen Momenten mit ihrem Rat zur Seite.

Eines Tages sprach Gott zu Noah: „Noah, höre! Baue ein großes Schiff, eine Arche. Denn bald wird eine große Flut kommen und die ganze Erde mit Wasser bedecken. Und Noah begann, mit seinen drei Söhnen die Arche zu bauen.

Alle trommeln in einem ruhigen und gleichmäßigen Rhythmus.

Die Leute kamen zu dem Bauplatz und lachten.
„Hier ist doch gar kein Wasser. Hier kann doch gar kein Schiff schwimmen!"

Doch Noah baute weiter. Tag und Nacht hörte man die Hammerschläge.

Alle trommeln nun schneller in einem gleichmäßigen Rhythmus.

Das Schiff wurde immer größer.
So hoch wie ein Haus, mit vielen Kammern und Fenstern.

Das Trommeln wird immer schneller bis zum lauten Trommelwirbel.

Und eines Tages war die Arche fertig. Da sagte Gott zu Noah: „Noah, höre! Gehe mit deiner Familie in die Arche! Nimm von allen Tieren zwei mit, ein Weibchen und ein Männchen. Ich will nicht, dass alles Leben untergeht!"

Schnell versammelten sich alle Tiere der Erde um die Arche. Denn sie hatten gehört, Noah würde nur die Besten von ihnen mitnehmen. Darum fingen sie an zu streiten.

Da sprachen Herr und Frau…

Alle streichen mit der flachen Hand über die Trommeln und zischen dazu „Schssst".
Die Kinder können raten, welches Tier dies sein könnte.

… Schlange. „Hey, kein Tier kann sich so elegant um die Bäume schlängeln.
Also wir müssen auf jedenfall mit."

Da meldeten sich Herr und Frau …

Alle kratzen vorsichtig mit ihren Fingernägeln über das Trommelfell und fauchen.

... Tiger. „Moment mal! Kein Tier ist so gefürchtet wie wir. Klar, wir kommen rein!"

Die Erde bebte, denn da kamen Herr und Frau …

Alle trommeln zusammen laut und langsam auf die Fellmitte und machen zusammen „Bumm – Bumm – Bumm"

… Elefant. „Jajaja, aber es gibt kaum ein Tier, was so groß und schwer ist
wie unsereins. Also wir kommen mit, jajaja!"

Da kamen zwei kleine …

Alle trippeln mit ihren Fingerspitzen quer über das Trommelfell.

…Mäuse. „Hihihi, aber es gibt kaum ein Tier, was so eine hübsche spitze Nase hat.
So Hübsche wie wir müssen auf jedenfall mit, hihihi!"

Da hörte man es von hinten nur rufen: „Achtung!" Und herangehüpft kamen …

Die Kinder nehmen die Hände vor die Brust und hüpfend trommeln sie gemeinsam.

Noahs Taube

... Herr und Frau Kängeruh.

„Hallo! Gibt es irgendein Tier auf der Welt mit so einem tollen Beutel vor dem Bauch? Na also, wir kommen mit."

Es kamen noch viel mehr Tiere und jedes versuchte sich selbst zu loben und die anderen möglichst schlecht zu machen.

So stritten die Tiere miteinander. Noah aber fiel auf, dass seine Taube gar nichts sagte und sich am Streit nicht beteiligte. Und Noah fragte sie: „Hey Taube! Warum sagst du nichts? Hast du nichts Besonderes an dir?"

„Doch", gurrte die Taube „aber darum bin ich nicht besser, klüger oder schöner als die anderen Tiere. Jeder von uns ist etwas ganz besonderes und einzigartig!"

Da dachte Noah nach: „Ich glaube, die Taube hat recht!"
Und zu den Tieren sprach er folgendes:

CD 2 · Nr. 12

Gemeinsam wird „Noahs Lied" gesungen und dazu getrommelt.
Noten und Rhythmus stehen am Ende der Trommelgeschichte (Seite 102).

Und so gingen von allen Tieren je ein Paar in die Arche hinein. Und Noah selber ging auch mit seiner Familie in das große Schiff. Als alle drinnen waren, schloss Gott die Tore.

Da geschah es:

Mit den Fingerspitzen trippeln alle vereinzelt und ruhig auf das Trommelfell.
Die Kinder können raten, was nun geschieht.
Und die Erzählerin erzählt währenddessen weiter:

Der Himmel wurde immer dunkler. Einzelne Regentropfen fielen herab.
Doch je dunkler der Himmel wurde, desto stärker wurde der Regen.

Alle trippeln nun schneller und lauter mit den Fingerspitzen.

Doch dabei blieb es nicht. Der Himmel wurde schwarz
und ein furchtbarer Sturm brach los.

Alle trommeln mit der flachen Hand immer lauter und lauter.

Bald war alles Land überschwemmt und das Wasser stieg höher als die Berge.

Und die Arche schwamm auf dem Wasser.

Alle streichen mit der flachen Hand auf der Trommel und wiegen sich hin und her. Dazu wird weitererzählt.

Auf den Wellen schaukelte sie hin und her.

Und es regnete und regnete. 40 Tage lang.

Alle trommeln ganz wild durcheinander.

Da dachte Gott an die Tiere und Menschen in der Arche und der Regen lies langsam nach.

Das Trommeln wird immer leiser, geht ins Trippeln über und klingt schließlich leise aus.

Und Gott setzte dem Regen ein Ende. Das Wasser ging langsam zurück und die Arche blieb auf der Spitze eines Berges stehen. Da wusste Noah: Bald ist es soweit. Und er öffnete ein Fenster, nahm die weise Taube und ließ sie fliegen.

Und wir fliegen einfach mit:

Für den Flug der Taube kann die Instrumentalmusik (CD 2, Nr. 13) eingesetzt werden. Die Kinder schwingen im Rhythmus ihre Arme wie Flügel. Unterbrochen wird die Bewegung durch die Erzählung. Die Musik kann weiterlaufen:

CD 2 · Nr. 13

Aber die Taube kam wieder zurück, denn alles Land war noch vom Wasser bedeckt und sie konnte nirgendwo bleiben. Noah wartete sieben Tage und ließ die Taube noch einmal fliegen.

Die Kinder schwingen wieder ihre Arme im Rhythmus.

Doch die Taube kam wieder zurück, diesmal aber trug sie einen grünen Zweig im Schnabel. Das war ein gutes Zeichen. Und Noah wartete noch einmal sieben Tage lang und ließ die Taube wieder fliegen.

Und die Kinder schwingen noch einmal ihre Arme zum Flug der Taube.

Aber diesmal kam die Taube nicht mehr zurück, denn das Wasser war zurückgegangen und die Erde trocken.

Die Musik kann ausgeblendet werden.

Noah öffnete die Tore der Arche und kam mit seiner Familie heraus.
Und hinterher kamen alle Tiere.

Die Erzählerin ruft einen Tiernamen und alle trommeln in der entsprechenden Weise:
Elefanten – Schlangen – Mäuse – Tiger – Kängeruhs.

Und Gott sprach:

„Habt keine Angst mehr. Eine so große Sintflut wird es nicht mehr geben. Seht den Regenbogen am Himmel. Dies ist unser Zeichen: Ich bin euer Freund für alle Zeit. Nach jedem Regen scheint wieder die Sonne. Das verspreche ich euch!"

Am Ende der Erzählung kann gemeinsam das Lied „Regenbogenfarben" gesungen und getrommelt werden.

Regenbogenfarben

CD 1 · Nr. 14

Text und Musik: Herbert Adam

Regenbogenfarben - Strophe 2

Wenn ich reibe oder schabe an der schönen … Farbe,
kommt ein wenig … heraus. Ich pust' es in die Welt hinaus!

Wenn ich reibe oder schabe an den schönen bunten Farben,
kommt ein Regenbogen 'raus. Ich pust' ihn in die Welt hinaus!

Das Lied kann im Refrain mit folgendem Rhythmus begleitet werden:

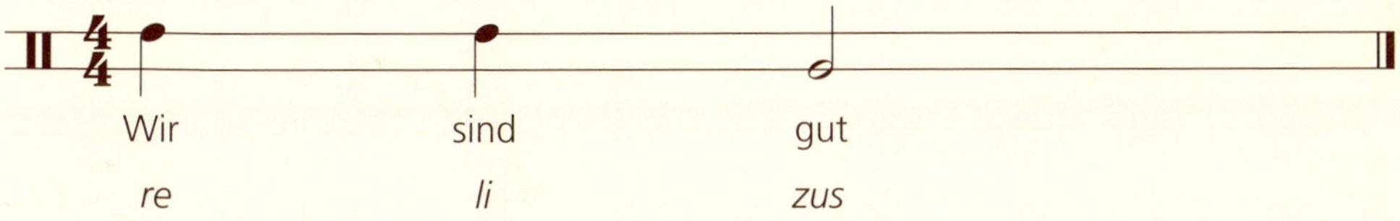

Regenbogenfarben

Das Playback

CD 2 · Nr. 13

Während des Refrains können die Kinder mit ihren Armen den Regenbogen nachzeichnen oder zum obigen Rhythmus gemeinsam trommeln.

In den Strophen gibt es eine Zwischenmusik, in der die Kinder in ihrer Phantasie mit ihrem Finger an der besungenen Farbe reiben, den Finger dann hochhalten und zusammen dann die Farbe in die Welt hinaus pusten. In der letzten Strophe reiben die Kinder ganz schnell mit allen Fingern an den bunten Farben der Welt und pusten sie dann ganz fest in die Luft.

Trommelreise im Zeichen des Regenbogens

Die Playback-Version umfasst 4 Strophen.

Lied

Noahs Lied

CD 1 · Nr. 13

Text und Musik: Markus Hoffmeister

Noahs Lied

Das Playback

CD 2 · Nr. 12

Wie in der Geschichte werden auch im Lied die Tiere mit den Trommeln dargestellt. Mit jeder neuen Strophe kommt ein neues Tier hinzu:

1. Strophe: Schlangen
2. Strophe: Schlangen – Tiger
3. Strophe: Schlangen – Tiger – Elefanten
4. Strophe: Schlangen – Tiger – Elefanten – Mäuse
5. Strophe: Schlangen – Tiger – Elefanten – Mäuse – Kängeruhs

In der 6. Strophe tauchen noch einmal alle Tiere auf und „Du und ich“: Dabei zeigt jeder auf ein anderes Kind und auf sich selbst.

Merkblatt
zur Trommelgeschichte®

Trommelreise · Markus Hoffmeister

Noahs Taube

	Es wird erzählt …
Noah und der Auftrag Gottes	*Da war ein Mann, an dem Gott seine Freude hatte, denn er lebte so, wie es Gott gefällt. Und Noah begann, mit seinen drei Söhnen die Arche zu bauen.*
	• Ruhiges gleichmäßiges Trommeln.
der Bau der Arche	*Die Leute lachten. Doch Noah baute weiter …*
	• Alle trommeln schneller.
	Das Schiff wurde immer größer.
	• Alle trommeln immer schneller bis zum Trommelwirbel.
	Eines Tages war die Arche fertig. Da sagte Gott zu Noah: „Noah, höre … Schnell versammelten sich alle Tiere der Erde um die Arche …
der Streit der Tiere	*Da sprachen Herr und Frau …*
	• Schlangen: Über die Trommeln streichen. • Tiger: Über die Trommel kratzen. • Elefanten: Laut in die Fellmitte trommeln. • Mäuse: Quer über die Trommel trippeln. • Kängeruhs: Hüpfend trommeln.
	So stritten die Tiere miteinander.
die weise Taube	*„Hey Taube! Warum sagst du nichts? Hast du nichts besonderes an dir?“ „Jeder von uns ist etwas ganz besonderes und einzigartig!“*
die Einladung Noahs	*Und zu den Tieren sprach Noah folgendes:*
	• Arche-Noah-Song
	Als alle drinnen waren, schloss Gott die Tore. Da geschah es:
der Regen beginnt …	• Ganz leise und vereinzelt trippeln.
	Doch je dunkler der Himmel wurde, desto stärker wurde der Regen.
	• Schneller und lauter trippeln.
die Sintflut kommt …	*Der Himmel wurde schwarz und ein furchtbarer Sturm brach los.*
	• Immer lauter trommeln.
	Und die Arche schwamm auf dem Wasser
	• Auf der Trommel streichen und hin und her wiegen.
	Und es regnete und regnete. 40 Tage lang.
	• Ganz wild trommeln.
	Da dachte Gott an die Tiere und Menschen in der Arche und der Regen ließ langsam nach.
	• Das Trommeln wird immer leiser.
	Das Wasser ging zurück …
der Flug der Taube	*Noah ließ die Taube fliegen …*
	• Zur Musik die Arme schwingen.
	Noah wartete sieben Tage und ließ die Taube noch einmal fliegen.
	Die Kinder schwingen wieder ihre Arme im Rhythmus.
	Doch die Taube kam wieder zurück, diesmal aber trug sie einen grünen Zweig im Schnabel.
	• Noch einmal zur Musik die Arme schwingen.
	Noah öffnete die Tore der Arche und kam mit seiner Familie heraus. Und hinterher kamen alle Tiere.
	• Hintereinander die Tiere trommeln.
der Regenbogen	*Und Gott sprach: „Habt keine Angst mehr. Seht den Regenbogen am Himmel. Dies ist unser Zeichen: Ich bin euer Freund für alle Zeit.“*
	• Lied singen und trommeln: Regenbogenfarben

Die Träne der Schlange

Hintergrund

Aus der arabischen Kultur stammen viele Kindergeschichten, die den Kindern muslimische Werte vermitteln sollten. Mit der Zeit wurden einzelne Geschichten in besonderer Form illustriert und erschienen dann als Bilderbücher in Form von Einzelbroschüren. Vor allem im Iran wurden diese Hefte gedruckt. Mit der Zeit verschwanden aber diese Hefte völlig von der Bildfläche und mit ihnen auch die Geschichten. Die Bemühungen einzelner Muslime aus Deutschland schafften es, die illustrierten Geschichten aufzufinden und in einer neuen Zusammenstellung zu veröffentlichen. Aus dieser Sammlung stammt die traditionelle Erzählung „Die Träne der Schlange".

Perspektive

„Du bist nicht mehr meine Freundin!" – Ein geflügeltes Wort im Kindergartenalltag. Kinder im Elementarbereich gehen am Anfang oftmals kurzfristige Beziehungen ein. Diese Kinderfreundschaften orientieren sich daran, ob man gut zusammen spielen kann und gemeinsame Interessen verfolgt. Aber auch schon die Kindergartenkinder entwickeln mit der Zeit ein Gefühl füreinander, welches sich von reinen zweckorientierten Motiven (z.B. „Mit der kann ich gut in der Puppenecke spielen.") löst und einen verbindlicheren Rahmen bekommt. Das gemeinsame Spiel verlagert sich nach zu Hause und die gemeinsame Zeit wird immer wichtiger. So entsteht eine emotionale Beziehung. Für das eigene Selbstwertgefühl sind Freunde wesentlich. Man fühlt sich bestärkt, angenommen und gemeinsam durchsetzungsfähiger gegenüber anderen.

Diese Trommelgeschichte erzählt von einer besonderen Freundschaft und trifft somit ein zentrales Thema für Kindergarten- und vor allem für Grundschulkinder.

Im Mittelpunkt steht eine sehr ungewöhnliche Freundschaft zwischen einem Hirtenjungen und einer Schlange. Entgegen allen Ängsten, die gegenüber Schlangen bestehen, lässt sich der Junge auf diese Beziehung ein – doch leider gewinnt in ihm etwas anderes die Oberhand.

Wenn ich mit den Kindern diese Trommelgeschichte erzähle, kann ich – egal ob dort 20 oder 200 Kinder sitzen – zwischendurch eine Stecknadel fallen hören. Dies liegt sicherlich zum einen an der enormen Spannung in dieser Geschichte, aber auch an dem Thema, mit dem die Kinder sich identifizieren.

Die Erzählung endet dramatisch: die Freundschaft wird verraten. Es gibt Nachbearbeitungen der Originalerzählung, die das Ende zum Positiven hin verändern. Ich persönlich bleibe bei der Originalfassung, weil ansonsten für mich die Geschichte an Kraft verliert und die Botschaft verwässert: Freunde sind unbezahlbar!

Trommelgeschichte

Vor vielen Jahren lebte in einem Dorf ein armer Hirtenjunge. Sein Name war Radschi. Jeden Morgen nahm er seine Hirtenflöte und ging mit seiner Schafherde aus dem Dorf.

Eines Tages trieb Radschi wie gewöhnlich seine Herde auf die Weide, setzte sich auf einen Stein und fing an, für sich selbst auf der Flöte zu spielen.

Die Erzählerin spielt auf einer Blockflöte einzelne Töne.

Ganz in der Nähe aber gab es eine Grube mit einem Busch am Rande. Plötzlich hörte Radschi ein Rascheln und der Busch vor ihm bewegte sich.

Alle streichen mit der flachen Hand langsam und leise über die Trommel.

Er schaute nach und das Rascheln kam näher und wurde lauter.

Das Streichen über die Trommel wird schneller und etwas lauter.

Und plötzlich erhob sich eine riesige Schlange.

Sie schlängelte sich aus der Grube und hob langsam ihren Kopf und kam immer näher.

Alle streichen über die Trommeln und zischen dazu „Schssst".

Und Radschi bekam schreckliche Angst. So eine riesige Schlange hatte er noch nie gesehen.

Alle trippeln leise mit den Fingerspitzen am Rand der Trommel.

Da sah er der Schlange direkt in die Augen.

An dieser Stelle kann die Musik eingespielt werden – zunächst leise, damit die Erzählerin in die Musik hinein weitererzählen kann.

Schlangenmusik 1 (0:00 – 1:07)

CD 2 · Nr. 14

Und in diesen Augen sah er so viel Güte und Vertrauen. Ihm wurde ganz warm ums Herz und er blieb sitzen. Die Schlange war so wunderschön, ihre Haut glänzte in den schönsten Farben. Automatisch griff er nach seiner Flöte und begann darauf zu spielen.

Variante: Wird die Geschichte ohne Musik erzählt,
kann die Erzählerin hier selber mit der Flöte einzelne Töne spielen.

Während Radschi spielte, kam die Schlange immer näher und sie begann vor ihm zu tanzen.

Die Musik wird nun schneller, so dass alle dazu trommeln können.
Dazu sollte die Musik lauter gestellt werden.

Schlangenmusik 1 (1:08 – 2:54)

CD 2 · Nr. 14

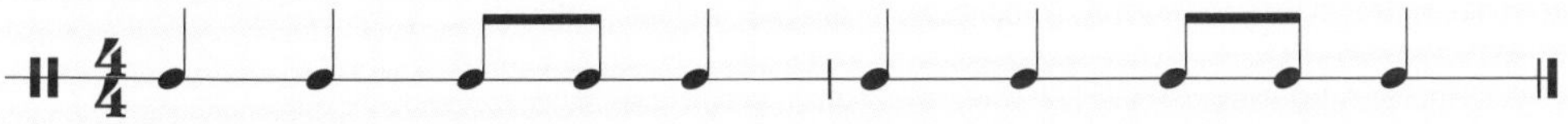

streich = mit der flachen Hand über das Trommelfell rhythmisch streichen

Schlangenmusik 1 (2:55 – Ende)

CD 2 · Nr. 14

Die Musik klingt langsam aus, so dass die Erzählerin in die Musik hinein erzählen kann:

Als es Abend wurde, endete ihr Tanz und Radschi kehrte mit seiner Herde ins Dorf zurück und die Schlange kroch langsam zurück in ihre Grube.

Dies aber war der erste Tag einer außergewöhnlichen Freundschaft.

Jeden Tag spielte nun Radschi auf der Flöte und die Schlange tanzte für ihn.

Die Musik endet hier.

Alle Dorfbewohner hatten inzwischen von dieser tiefen und besonderen Freundschaft gehört und viele kamen, um den Schlangentanz zu sehen.

Eines Tages kam ein Schlangenfänger in Radschis Dorf und erzählte: „Der schlimmste Feind des Menschen ist die Schlange."

Sein Name war „ Iarun der Schlangenfänger".

Durch das ganze Dorf brüllte er:

Die Erzählerin spricht im Rhythmus jeden Vers einzeln und die Kinder wiederholen ihn.
Dann stimmt sie den 4/4-Rhythmus mit der Trommel an und alle Kinder trommeln mit.
Im Trommelrhythmus ruft die Erzählerin einen Vers und die Kinder wiederholen ihn.

Die Dorfbewohner aber erzählten dem Schlangenfänger von der Schönheit der großen Schlange und von dieser ungewöhnlichen Freundschaft.

Tarun lachte laut: „Hahaha, hat man jemals davon gehört, dass eine Schlange sich mit einem Menschen anfreunden kann? So eine große Schlange schlängelt sich dir um den Hals und dann macht sie – wüüürrrg!"

Doch die Dorfbewohner sagten nur:
„Geh doch hin und überzeuge dich selbst!"

Das tat Tarun auch und tatsächlich: Er hörte die wundersame Musik und sah diesen schönen Tanz der Schlange.

Schlangenmusik 2

CD 2 · Nr. 15

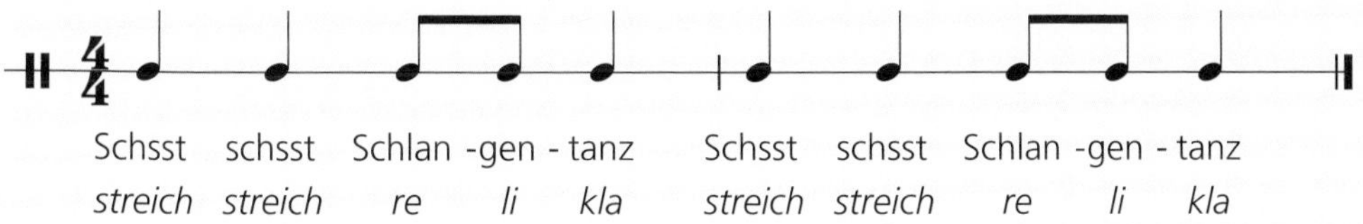

Und er dachte bei sich:
„Tarun, wenn du diese Schlange fängst, bist du ein reicher Mann!"
Denn er verkaufte die Schlangen für viel Geld auf dem Markt.

Am Abend ging er zu Radschis Haus und sprach:
„Liebster Radschi, eines Tages wird dich der Biss dieser Schlange töten.
Ich werde dich retten und sie fangen!"

„Nein", rief Radschi, „sie ist meine Freundin, ich vertraue ihr!"

„Haha, hat man das gehört! Vertrauen kannst du einer Schlange nie!
Hier hast du 100 Münzen, und du hilfst mir, sie zu fangen!"

100 Münzen – das war für den armen Radschi ein Vermögen,
aber er wehrte ab: „Nein! Ich werde meine Freundin nicht verraten!"

Doch da holte Tarun noch einen Beutel hervor:
„Hier hast du nochmals 100 Münzen!"

200 Münzen, so viel Geld!

Alle beginnen einen leisen Trommelwirbel und die Erzählerin spricht weiter:

Und Tarun streckte seine Hand aus …

Der Trommelwirbel wird lauter.

… und Radschi schlug – ein!

Auf „ein" schlagen alle gleichzeitig auf die Trommel.

Das Geschäft war besiegelt.
Die ganze Nacht brüllte der Schlangenfänger vor Freude:

Die Erzählerin beginnt mit dem Trommelrhythmus und alle Kinder trommeln mit.
In den Trommelrhythmus ruft sie die einzelnen Verse vor und die Kinder wiederholen.

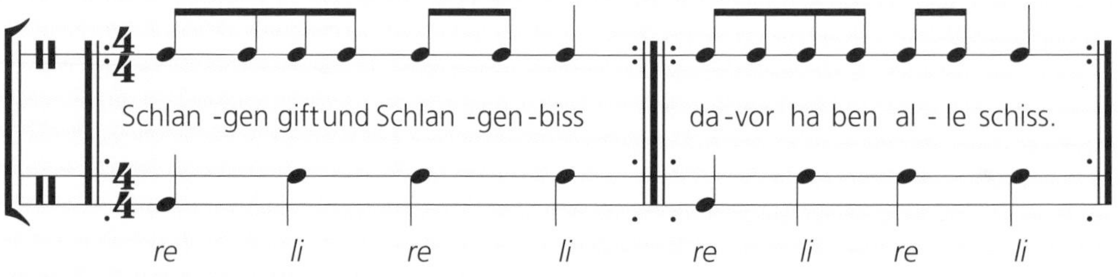

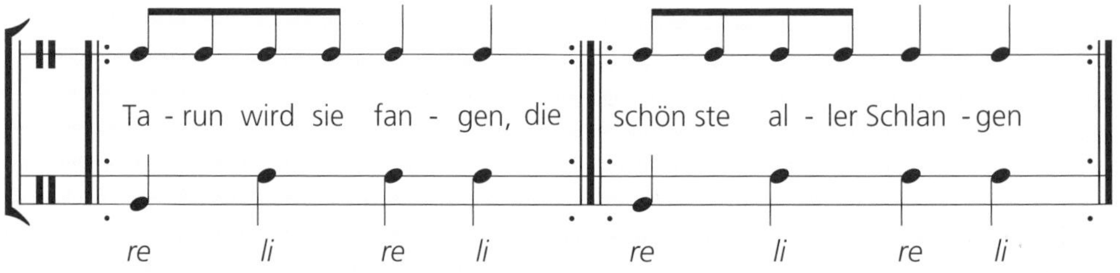

Am nächsten Tag gingen Tarun und Radschi zusammen zur Grube, viele Dorfbewohner hatten sich bereits dort versammelt!

Der Schlangenfänger stellte seinen Fangkorb bereit und Radschi begann seine Flöte zu spielen:

Die Erzählerin spielt auf der Flöte.

Da hörte man das Rascheln der Schlange.

Alle streichen langsam und leise über die Trommel, während die Erzählerin weitererzählt:

Sie kam immer näher, schaute Radschi direkt in die Augen und begann ihren Tanz.

Schlangenmusik 3

CD 2 · Nr. 16

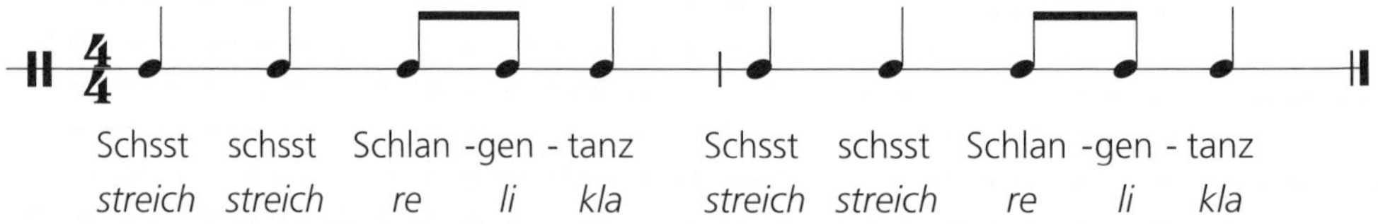

Nach der Hälfte der Musik kann ein zweiter Trommelrhythmus eingefügt werden:

Die Flötenstimme wurde leiser und die Schlange kroch langsam in den Korb hinein und schlängelte sich ruhig darin ein.

In diesem Moment sprang der Schlangenfänger herbei und versuchte den Korb zu schließen – da verstand die Schlange und wehrte sich mit aller Kraft.

Alle trommeln laut und wild durcheinander.

Da hob sie mit letzter Kraft für einen Moment den Deckel.

Tödliches Schweigen breitete sich in der Menge aus.

Die Schlange schaute Radschi tief in die Augen und in diesem Moment sahen alle Leute, dass eine weiße Träne aus ihrem rechten Auge floss.

Doch der Schlangenfänger drückte mit aller Kraft …

Alle trommeln laut und wild durcheinander.

… den Deckel herunter.

Die Erzählerin zählt bis „3" und alle trommeln einen Schlag gleichzeitig.

Die Schlange war gefangen.

Noch tief in der Nacht hörte man Tarun brüllen:

Die Erzählerin trommelt und ruft vor und die Kinder wiederholen.

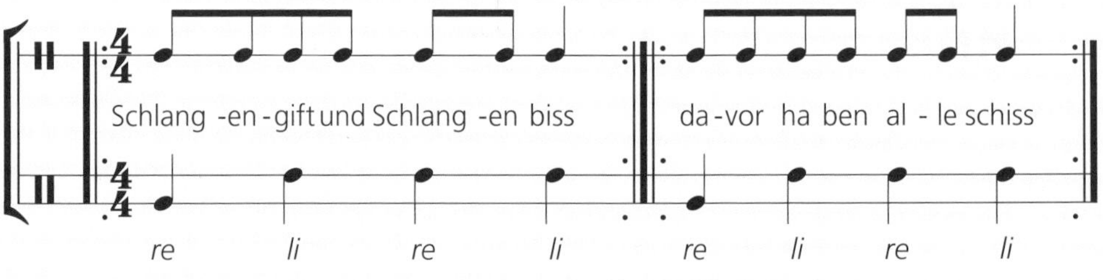

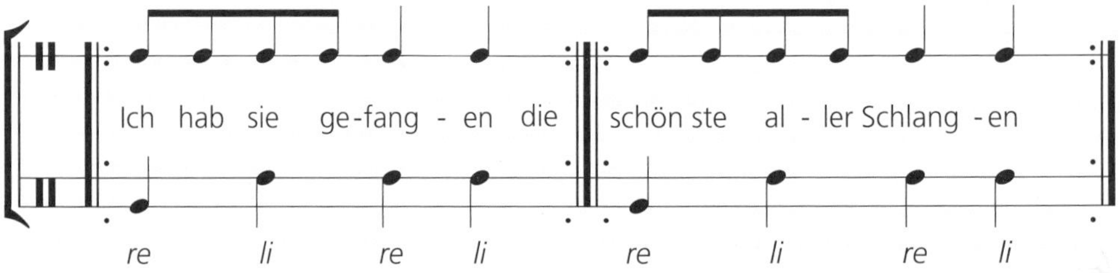

Am nächsten Tag wachte Radschi auf und spürte auf seiner rechten Wange eine brennende Narbe. Was er auch tat, die Narbe verschwand nicht mehr. Sie erinnerte ihn immer daran, dass er für Geld eine große Freundschaft verraten hatte.

Seit diesem Tag wusste er, dass eine wahre Freundschaft unbezahlbar ist.

Ihre gemeinsame Melodie und den Tanz der großen Schlange vergaß er nie.

CD 2 · Nr. 15 **Schlangenmusik 2**

Zu dieser Musik können beide Rhythmen getrommelt werden:

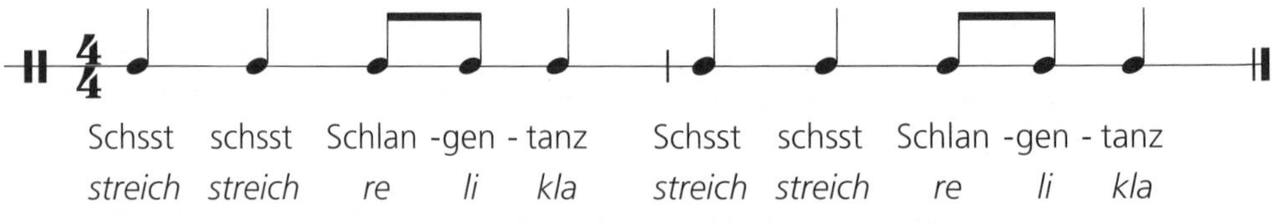

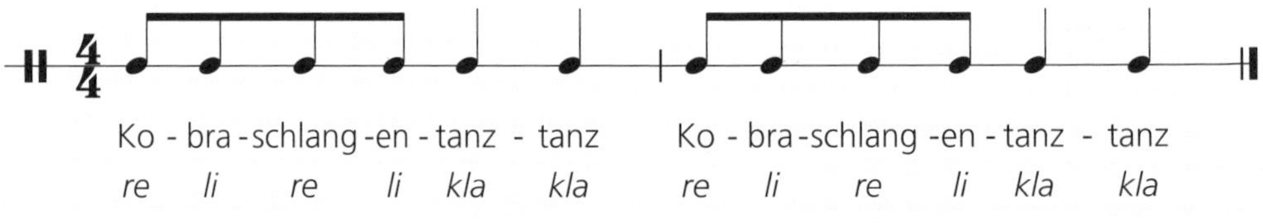

Variante: Die gesamte Geschichte kann auch ohne die Musik-CD erzählt werden. Dann werden die einzelnen Rhythmen ohne musikalische Begleitung getrommelt und gerufen.

Lied

Freunde-Song

Text und Musik: Markus Hoffmeister

CD 1 · Nr. 15

Lied

Um den Kerngedanken dieser Geschichte „Die Träne der Schlange“ noch einmal aufzugreifen und zu vertiefen, kann miteinander der „Freunde-Song“ gesungen und getrommelt werden.

CD 2 · Nr. 17

Der Freunde-Song

Das Playback

Dieses Lied hat mehrere interaktive Elemente:

- Im Refrain können die Kinder den „Freunde-Ruf“ ganz laut miteinander singen.
- Wenn es im Refrain heißt „reichen sich die Hand“, können die Kinder sich mit ihren Nachbarn nach dem Motto „Gib mir die Fünf!“ abklatschen.
- Der Freunde-Rhythmus wird gemeinsam im Sprechgesang gerufen und getrommelt. Dies sollte im Vorfeld mehrmals eingeübt werden.

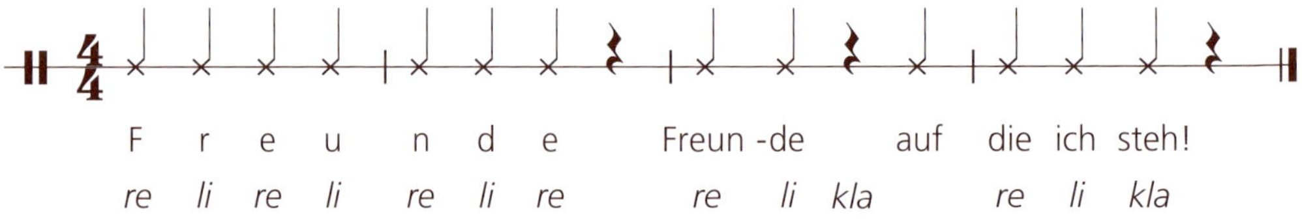

Die Träne der Schlange

der Hirtenjunge Radschi

Vor vielen Jahren lebte in einem Dorf ein armer Hirtenjunge.
Sein Name war Radschi.

Er setzte sich auf einen Stein und fing an, für sich selbst auf der Flöte zu spielen.

- Die Erzählerin spielt auf einer Blockflöte einzelne Töne.

Begegnung mit der Schlange

Plötzlich hörte Radschi ein Rascheln, der Busch vor ihm bewegte sich.

- Mit der flachen Hand langsam über die Trommel streichen.

Er schaute nach und das Rascheln kam näher und wurde lauter.

- Das Streichen über die Trommel wird schneller und etwas lauter.

Und plötzlich erhob sich eine riesige Schlange.

- Alle streichen über die Trommeln weiter und zischen dazu „Schsssst".

Und Radschi bekam schreckliche Angst.

- Alle trippeln leise mit den Fingerspitzen am Rand der Trommel.

Da sah er der Schlange direkt in die Augen.

- Track Nr. 14 leise einspielen und weitererzählen

Und in diesen Augen sah er so viel Güte und Vertrauen.
Automatisch griff er nach seiner Flöte und begann darauf zu spielen.

der Schlangentanz

Und die Schlange begann vor ihm zu tanzen.

- Zur Musik trommeln: Schsst – Schsst – Schlan-gen-tanz
- In die Musik weitererzählen:

die große Freundschaft

Dies aber war der erste Tag einer außergewöhnlichen Freundschaft.

der Schlangenfänger Tarun

Eines Tages kam ein Schlangenfänger in Radschis Dorf.
Sein Name war „Tarun der Schlangenfänger".

Durch das ganze Dorf brüllte er:

- Sprechen und Trommeln:
  Schlangengift und Schlangenbiss – davor haben alle schiss
  Tarun wird sie fangen – die Schönste aller Schlangen
  Tarun wird laut singen – wenn die Münzen klingen.

Die Dorfbewohner aber erzählten dem Schlangenfänger von der Schönheit der großen Schlange und von dieser ungewöhnlichen Freundschaft.

Tarun hörte die wundersame Musik und sah diesen schönen Tanz der Schlange.

- Schlangenmusik 2 (CD 2 · Nr. 15) Schsst – Schsst – Schlan-gen-tanz

Am Abend ging Tarun zu Radschis Haus.

der Verrat

„Hier hast du nochmals 100 Münzen!"

200 Münzen, so viel Geld!

- Alle beginnen einen leisen Trommelwirbel und die Erzählerin spricht weiter:

Und Tarun streckte seine Hand aus …

- Der Trommelwirbel wird lauter.

… und Radschi schlug – ein!

- Auf „ein" schlagen alle gleichzeitig auf die Trommel.

Die ganze Nacht brüllte der Schlangenfänger vor Freude:

- Ruf des Tarun trommeln und rufen.

Die Träne der Schlange

Am nächsten Tag gingen Tarun und Radschi zusammen zur Grube.

die Gefangennahme der Schlange

Der Schlangenfänger stellte seinen Fangkorb bereit und Radschi begann seine Flöte zu spielen:

- Die Erzählerin spielt auf der Flöte.

Da hörte man das Rascheln der Schlange.

Langsam und leise über die Trommel streichen und weitererzählen:

Sie kam immer näher und begann ihren Tanz:

- Schlangenmusik 3 (CD 2 · Nr. 16) Ko-bra-Schlang-en-Tanz-Tanz

Die Schlange kroch langsam in den Korb.

In diesem Moment sprang der Schlangenfänger herbei und versuchte den Korb zu schließen – da verstand die Schlange und wehrte sich mit aller Kraft.

- Alle trommeln laut und wild durcheinander.

Da hob sie mit letzter Kraft für einen Moment den Deckel.

Alle Leute sahen, dass eine weiße Träne aus ihrem rechten Auge floss. Doch der Schlangenfänger drückte mit aller Kraft …

- Alle trommeln laut und wild durcheinander.

… den Deckel herunter.

- Die Erzählerin zählt bis „3" und alle trommeln einen Schlag gleichzeitig.

Noch tief in der Nacht hörte man Tarun brüllen:

- Rufen und trommeln:
  Schlangengift und Schlangenbiss – davor haben alle schiss
  Ich hab sie gefangen – die Schönste aller Schlangen

die brennende Erinnerung

Am nächsten Tag wachte Radschi auf und spürte auf seiner rechten Wange eine brennende Narbe.

Seit diesem Tag wusste er, dass eine wahre Freundschaft unbezahlbar ist. Ihre gemeinsame Melodie und den Tanz der großen Schlange vergaß er nie.

- Schlangenmusik 2 (CD 2 · Nr. 15)
  Schsst – Schsst – Schlan-gen-tanz
  Ko-bra-Schlang-en-Tanz-Tanz

Die Welt geht unter

Hintergrund

Diese Geschichte beruht auf einem Motiv, welches sich in den verschiedenen Erzähltraditionen wiederfindet. Sogar in den Legenden des Buddhismus taucht die wunderbare Figur des kleinen „Angsthasen" auf, der es vermag, allein mit seiner Angst die anderen Tiere in Panik zu versetzen.

In der indianischen Erzähltradition der Kutenai wird dieses Motiv ebenfalls ausgeschmückt. Die Kutenai sind ein nordamerikanischer Indianerstamm. Sie leben noch heute in einem Reservat entlang der Grenze zwischen den USA und Kanada.

Perspektive

„Angsthase – Pfeffernase!" Ein alter Spruch, der noch heute auf jedem Spielplatz zu hören ist. Kinder erleben Angst in sehr unterschiedlichen Situationen und Entwicklungsstufen. Sie sind ihren Ängsten häufig mit Haut und Haaren ausgeliefert. Im Gegensatz zu Erwachsenen können Kinder ihre Angst noch nicht reflektieren, kontrollieren oder sich davon distanzieren. Während der Erwachsene Ursachenforschung betreiben kann, ist das Kind auf Unterstützung angewiesen, um die Angst und seine Ursachen zu verstehen. Fehlt die Unterstützung und das Mitgefühl, kommt häufig noch die Scham hinzu, denn ein Angsthase will keiner sein.

In der Figur des kleinen Hasen, der ganz von seiner Angst ausgefüllt ist, wird in dieser Trommelgeschichte dieses Gefühl auf humorvolle Weise aufgegriffen, so dass sich Kinder unbeschwert in diesem kleinen sympathischen Kerl wiederfinden können.

Bernd konzentriert bei der Arbeit während eines Projekttages

Lied

Hūate lenno maote

Text und Musik: Traditionell Nordamerika · Bearbeitung: Markus Hoffmeister

CD 1 · Nr. 16

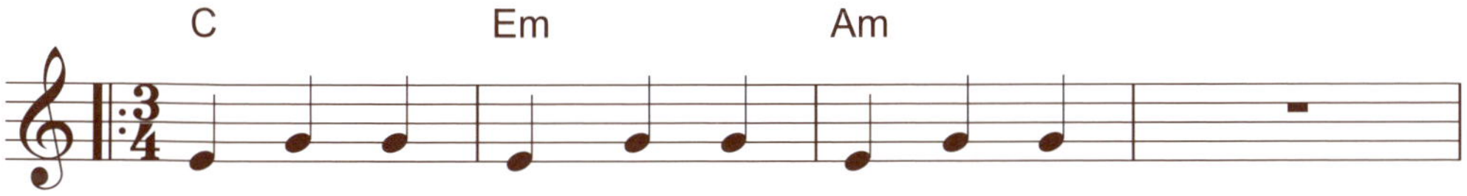

Vorsänger Hua - te len - no len - no ma - o - te
Son - ne du schenkst uns die Le - bens -kraft
Was - ser du schenkst uns die Le - bens -kraft
Er - de du schenkst uns die Le - bens -kraft
Feu - er du schenkst uns die Le - bens -kraft

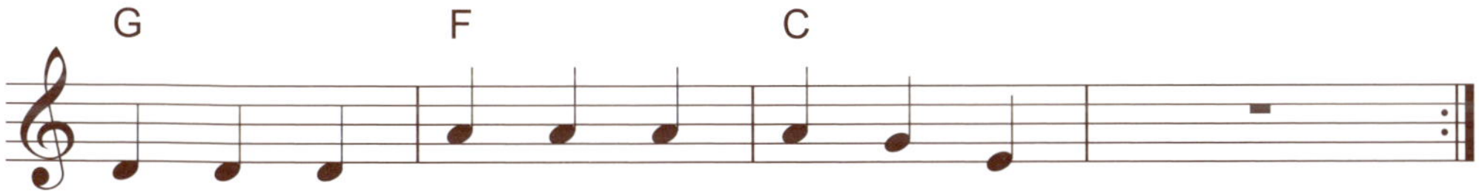

Alle hei - a - no, hei - a - no, hei - a - no

Mit diesem schönen Schöpfungslied kann eine Einstimmung auf die indianische Tradition erfolgen. Ursprünglich ist dieses indianische Lied ein Lobpreis für die Sonne.

Mit folgendem Rhythmus kann es begleitet werden:

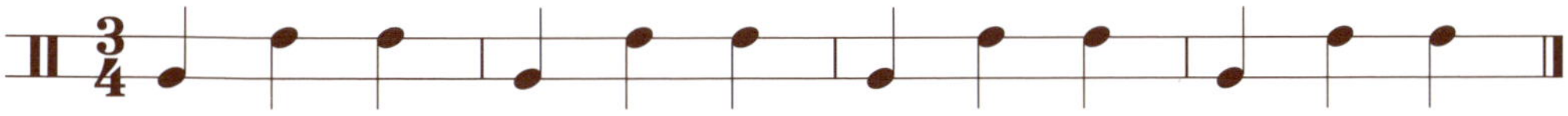

Jetzt geht´s los! Jetzt geht´s los! Jetzt geht´s los! Jetzt geht´s los!
re li li re li li re li li re li li

Lied

CD 2 · Nr. 18

Hūate lenno maote

Das Playback

Das Lied wird im Wechsel gesungen.
Der Vorsänger singt jeweils die Strophen und alle antworten mit „heiano“.

0:00 – 0:11	Intro
0:11 – 0:29	Strophe 1 wird im Wechsel gesungen
0:29 – 0:39	Gemeinsam trommeln im 3/4-Rhythmus
0:39 – 0:57	Strophe 2 und 3 im Wechsel singen
0:57 – 1:06	Gemeinsam trommeln
1:06 – 1:26	Strophe 4 und 5 im Wechsel singen
1:26 – 1:54	Gemeinsam trommeln
1:54 – Ende	Strophe 1 im Wechsel singen

Trommelgeschichte

Zu Beginn der Geschichte wird die Gesamtgruppe in 3 Gruppen eingeteilt.
„Ihr seid die wilden Wölfe, ihr die rasenden Rothirsche und ihr die grimmigen Grizzlys.“

Dann kann mit jeder Gruppe der entsprechende Rhythmus eingeübt werden.

Die wilden Wölfe:

Trommelgeschichte

Die rasenden Rothirsche:

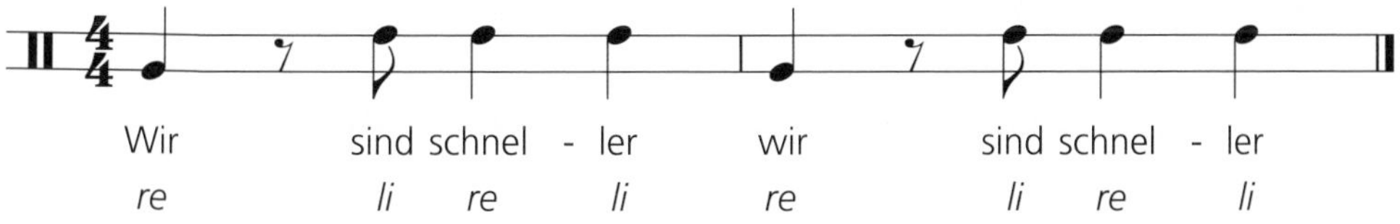

Für Kinder unter 6 Jahren kann auch dieser Rhythmus verwendet werden:

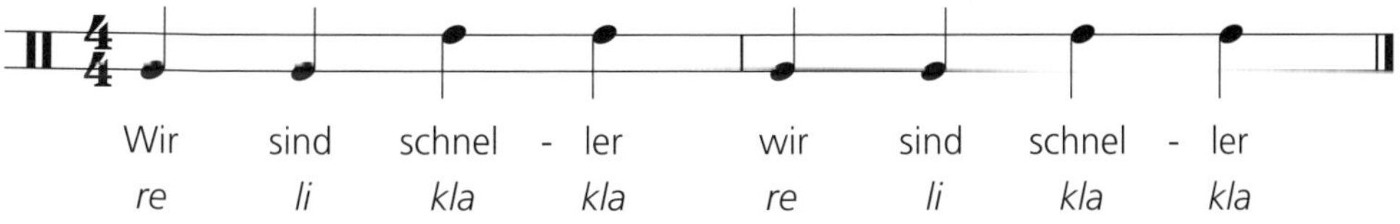

Die grimmigen Grizzlys:

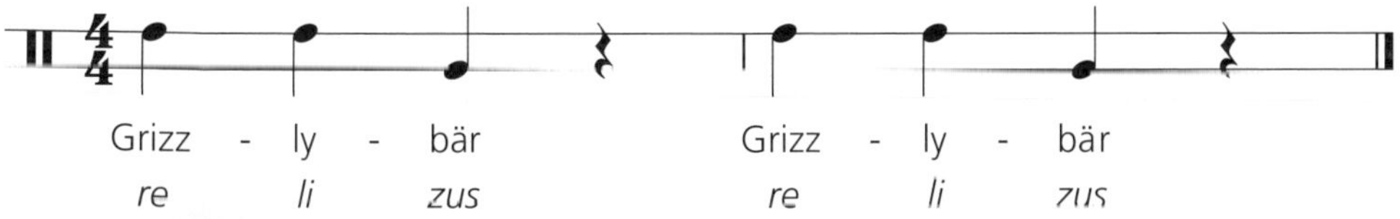

Die Sonne schien zwischen den Felsenbergen und schmolz den letzten Schnee. Der Frühling klopfte an die Türen des Landes und schon bald würde die Natur in einer großen Farbenpracht erblühen.

Aber es gab jemanden, der sich daran gar nicht erfreuen konnte: der kleine Hase. Jeden Tag saß er unter der alten Zeder, diesem riesigen uralten Baum und machte sich große Sorgen. Es gab eigentlich keinen Grund sich Sorgen zu machen, doch der kleine Hase saß dort und grübelte und grübelte:

„Was ist, wenn ich mir die Pfote verletze und nicht mehr laufen kann? Ja, dann kann ich mir kein Futter besorgen und muss verhungern. Und was ist, wenn der riiiesige Baum über mir zusammenstürzt? Ja, dann bin platt wie eine Butterblume!"

So grübelte der kleine Hase jeden Tag. Er war ein Angsthase!

Alle trippeln leise mit den Fingerspitzen am Rand der Trommel.
Währenddessen wird weitererzählt:

Die Welt geht unter

An einem Tag war die Angst des kleinen Hasen besonders groß und er dachte Furchtbares: „Was soll ich nur machen, wenn eines Tages die Welt untergeht?" Kaum hatte er dies gedacht, da krachte es!

Alle starten einen Trommelwirbel, dieser wird immer lauter und mit einem kräftigen „rrrrruuumms" hauen alle gleichzeitig auf die Trommel!

Ein Ast war unter der Last des Schnees abgebrochen. Doch für den kleinen Hasen klang es wie der Weltuntergang. Und er lief los. Wie vom Blitz getroffen. Panische Angst in seinen kleinen Knopfaugen.

Alle trommeln zusammen ganz schnell und wild.

Da sah er auf der Wiese eine Gruppe von Tieren und er schrie ihnen entgegen: „Lauft, lauft! Die Welt geht unter."

Es waren die Wölfe. Und sie liefen ebenfalls in panischer Angst los! Das klang so:

Gemeinsam mit der Wolfsgruppe trommelt die Erzählerin den passenden Rhythmus.

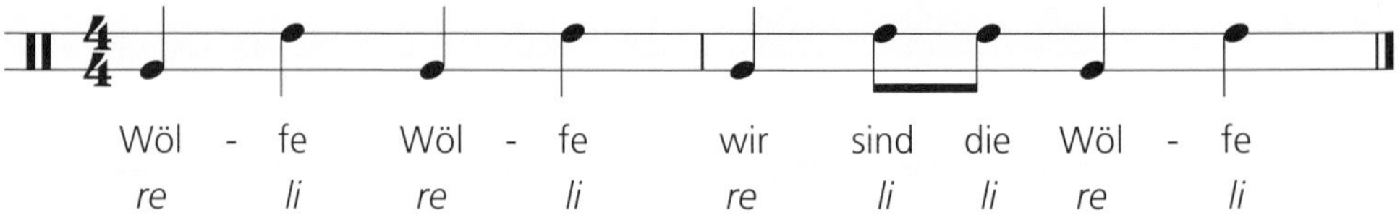

Und der Hase und die Wölfe rasten direkt auf die nächste Gruppe von Tieren zu. „Lauft, lauft, hier geht die Welt unter!", riefen die Wölfe den Rothirschen zu. Die Rothirsche schauten noch für einen Moment völlig verdutzt, doch dann stießen sie ihr Geweih gegen den Wind und rannten los!

Mit der Gruppe der Rothirsche trommelt die Erzählerin diesen Rhythmus:

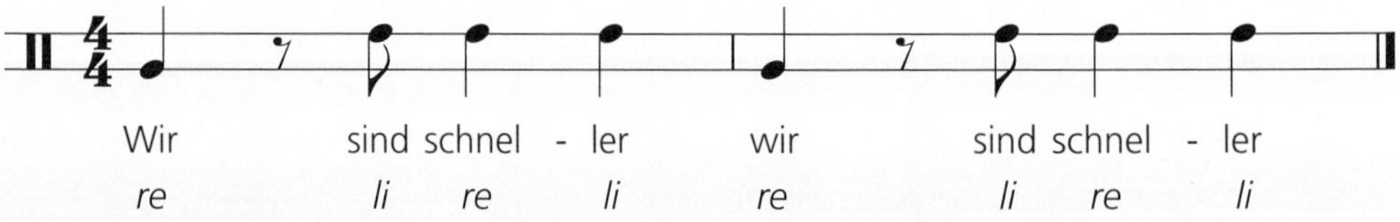

Und mit wehenden Ohren liefen alle Tiere direkt auf die große Felsenklippe zu – da kamen plötzlich große braune Ungetüme aus dem Wald und staunten nicht schlecht. Da riefen schon die Rothirsche von der Ferne: „Lauft um euer Leben – es ist zu Ende – die Welt geht unter!" Sie konnten nicht anders: Die Grizzlys stürzten hinterher.

Die Grizzly-Gruppe trommelt ihren Rhythmus.

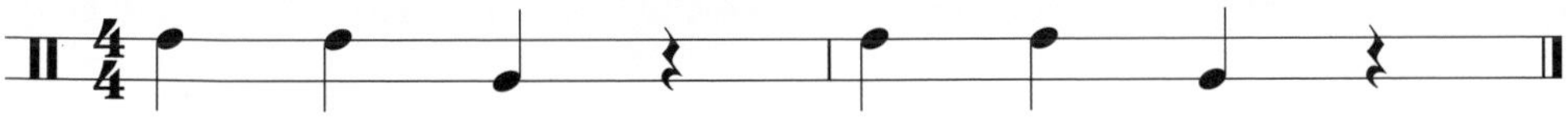

So rasten sie alle wie die Verrückten auf die große Felsenklippe zu.
Dahinter ging es nur noch 100 Meter hinunter in die Schlucht.

Die Wölfe – die Rothirsche – die Grizzlys und der kleine Hase.

Jede Gruppe, die gerade genannt wird, trommelt ihren Rhythmus.
Beim „kleinen Hasen" trommeln alle wild zusammen.

Da hörte man plötzlich eine tiefe und dunkle Stimme rufen: „Haaaalt!"

Diese Stimme war so gewaltig, dass alle Tiere sofort in die Hufen, Pfoten und Tatzen gingen. Unüberwindbar stand vor ihnen der riesige Büffel. Er sah die Angst in ihren Augen „Was ist hier los?" Und der Büffel schaute rüber zu den Grizzlys:

Die Grizzly-Gruppe trommelt ihren Rhythmus.

Und die Grizzlys antworteten: „Die Welt geht unter!"
„Woher wisst ihr das?", fragte der Büffel. – „Die Rothirsche haben es gesagt!"

Die Gruppe der Rothirsche trommelt ihren Rhythmus.

„Und woher wisst ihr das?", fragte der Büffel. – „Die Wölfe haben es gesagt!"

Die Gruppe der Wölfe trommelt den entsprechenden Rhythmus.

„Mhhmm – und ihr – woher wisst ihr das nun?", fragte der Büffel.
„Der kleine Hase hat es gesagt!"

Alle trommeln zusammen ganz wild, doch dann wird das Trommeln immer leiser.

Da stand schließlich der kleine Hase zitternd vor dem gewaltigen Büffel.

Alle trippeln leise mit den Fingerspitzen auf der Trommel.

„Sososo! Und du – woher weißt du es?"

Doch der kleine Hase stammelte nur: „Die Welt geht unter!"

„Hast du es gesehen?"

„Jaja – das heißt – äähh – eher gehört!" Und er spitzte seine Ohren!

„Was hast du denn gehört?"

„Ein ffffürchterliches Ppppoltern!"

„Wo denn?"

„Unter der alten Zeder!"

„Komm, kleiner Hase! Zeig mir die Stelle!" Und der Büffel ließ seine Hörner herunter, so dass der kleine Hase auf den Rücken des Büffels steigen konnte. Hier war es sehr kuschelig und warm und vor allem fühlte er sich hier sicher!

So stolzierte der Büffel durch den Wald zurück!

Und alle Tiere folgten ihm.

Es kann nun ein Trommelkanon angestimmt werden. Gruppe 1 (Wölfe) beginnt, nach einer Weile setzt dann Gruppe 2 (Rothirsche) ein und zuletzt noch Gruppe 3 (Grizzlys).

CD 2 · Nr. 19

Der Trommelkanon
Die Musik ist eigens für diese Geschichte komponiert worden. In der Aufnahme hört man, wie die einzelnen Rhythmen nacheinander einsetzen.

Bald waren sie alle an der alten Zeder angekommen – doch plötzlich…

Alle starten leise einen Trommelwirbel.

… hörte man ein Ächzen, ein Knacken und dann machte es „rrruuumms".

Mit „rrruuumms" wird der Trommelwirbel immer lauter,
dann trommeln alle gleichzeitig den Schlusspunkt.

Wieder fiel ein Ast unter der Schneelast herunter.

„War es dieses Geräusch, kleiner Hase?", fragte der große Büffel.

Der kleine Hase nickte nur verlegen!

„Siehst du, mein Freund, es war nur ein Ast – aber kein Weltuntergang!"

Und der Büffel sagte es ohne jeden Spott und ohne jeden Tadel. Er machte sich nicht lustig über den kleinen Hasen. Denn wer stark ist, erhebt sich nicht über den Schwachen. Wer stark ist, versteht, wie leicht der Schwache Angst hat, denn auch der Starke hat bestimmt schon einmal Angst gehabt. So können wir uns gegenseitig helfen, unsere Angst zu überwinden.

Lied

Trommel-Mutmachlied

Text und Musik: Markus Hoffmeister

CD 1 · Nr. 17

Das Trommel-Mutmachlied basiert auf einer alten Fassung der Pueblo-Indianer. Es besteht aus mehreren Elementen: Tanzen – Wechselgesang – Trommeln und gemeinsames Singen.

Tanzen	Jeweils mit dem linken und dem rechten Bein zweimal hintereinander stampfen – immer im schnellen Wechsel.
Wechselgesang	Die indianischen Rufe werden jeweils von allen wie ein Echo wiederholt.
Trommeln	Nach den Strophen wird laut gerufen: „Macht doch nichts!" Dies wird mit den Trommeln laut im Takt begleitet. Der Refrain „Du bist gut …" wird dann ebenfalls gesungen und getrommelt (siehe Noten).

Trommel-Mutmachlied

Das Playback

CD 2 · Nr. 20

0:00 – 0:11	Intro
0:12 – 0:25	Tanzen
0:26 – 0:40	Wechselgesang
0:47 – 1:03	Refrain singen und trommeln
1:04 – 1:18	Wechselgesang
1:19 – 1:37	1. Strophe
1:38 – 1:52	Refrain singen und trommeln
1:53 – 2:08	Wechselgesang
2:09 – 2:26	2. Strophe
2:27 – 2:42	Refrain singen und trommeln
2:43 – 3:03	Tanzen
3:04 – 3:18	Wechselgesang
3:19 – Ende	Tanzen

Merkblatt
zur Trommelgeschichte®

Trommelreise · Markus Hoffmeister

Die Welt geht unter

- Einteilung der Gesamtgruppe in drei Gruppen.

Bald würde die Natur in einer großen Farbenpracht erblühen.

der kleine Hase

Jeden Tag saß der kleine Hase unter der alten Zeder und machte sich große Sorgen. Er war ein Angsthase!

- Am Rand der Trommel leise trommeln.

„Was soll ich nur machen, wenn eines Tages die Welt untergeht?"

der Ast kracht

Kaum hatte er dies gedacht, da krachte es!

- Trommelwirbel starten und mit einem lauten „Ruuummms" auf die Trommel hauen.

der Hase läuft los

Doch für den kleinen Hasen klang es wie der Weltuntergang. Er lief los.

- Alle trommeln ganz laut und wild.

„Lauft, lauft … die Welt geht unter!"

die Wölfe laufen los

Und die Wölfe liefen ebenfalls in panischer Angst los! Das klang so:

- Die Wolfsgruppe trommelt: Wöl-fe – Wöl-fe – Wir – sind – die – Wöl-fe

Und der Hase und die Wölfe rasten direkt auf die nächste Gruppe zu.

die Rothirsche laufen los

Dann stießen die Rothirsche ihr Geweih gegen den Wind und rannten los!

- Gruppe Rothirsche trommelt: Wir – sind – schnel-ler

Mit wehenden Ohren liefen alle Tiere direkt auf die große Felsenklippe zu – da kamen plötzlich große braune Ungetüme aus dem Wald.

die Grizzly laufen los

Die Grizzlys stürzten hinterher.

- Grizzly-Gruppe trommelt: Grizz-ly-bär

auf die große Felsenklippe zu

So rasten sie alle auf die große Felsenklippe zu: Die Wölfe – die Rothirsche – die Grizzlys und der kleine Hase.

- Jede Gruppe trommelt ihren Rhythmus. Beim Hasen trommeln alle zusammen.

der Büffel

Da hörte man plötzlich eine tiefe und dunkle Stimme rufen: „Haaaalt!" Und der Büffel schaute rüber zu den Grizzlys:

- Grizzly-Gruppe trommelt ihren Rhythmus.

die Grizzlys antworten

Und die Grizzlys antworteten: „Die Welt geht unter!" – „Woher wisst ihr das?" fragte der Büffel. – „Die Rothirsche haben es gesagt!"

- Die Gruppe der Rothirsche trommelt ihren Rhythmus.

die Rothirsche antworten

„Und woher wisst ihr das?" fragte der Büffel. – „Die Wölfe haben es gesagt!"

- Die Gruppe der Wölfe trommelt den entsprechenden Rhythmus.

„Mhhmm – und ihr – woher wisst ihr das nun?" fragte der Büffel. –

die Wölfe antworten

„Der kleine Hase hat es gesagt!"

- Alle trommeln ganz wild und dann immer leiser.

der kleine Hase vor dem Büffel

Da stand schließlich der kleine Hase zitternd vor dem gewaltigen Büffel.

- Alle trippeln leise mit den Fingerspitzen auf der Trommel.

„Was hast du denn gehört?" – „Ein ffffürchterliches Ppppoltern!"

„Komm, kleiner Hase! Zeig mir die Stelle!"

alle Tiere marschieren zur alten Zeder

So stolzierte der Büffel durch den Wald zurück! Und alle Tiere folgten ihm.

- Trommelkanon mit allen drei Gruppen.

Bald waren sie alle an der alten Zeder angekommen – doch plötzlich …

der Ast kracht

- Trommelwirbel starten und mit „Ruuummms" zusammen trommeln.

das Mitgefühl des Büffels

„Siehst, du mein Freund, es war nur ein Ast – aber kein Weltuntergang!"

Und der Büffel sagte es ohne jeden Spott und ohne jeden Tadel.

Viele Farben hat das Licht

oder

Wie der Regenbogen entstand

Hintergrund

Im Mittelpunkt dieser Erzählung steht eines der ältesten Symbole der Menschheit. Der Regenbogen als Zeichen findet sich in zahlreichen Mythologien und Religionen über alle Kulturen und Kontinente hinweg. Wie seine Form symbolisiert der Regenbogen oftmals eine Brücke zwischen den Menschen, Kulturen und auch zwischen Himmel und Erde.

Besonders in den indianischen Kulturen besaß er eine besondere Bedeutung. Eine indianische Prophezeiung zum Beispiel besagte, dass die Erde eines Tages verwüstet werden würde, doch dies wäre nicht das Ende. „Wenn die Welt krank ist und stirbt, werden sich Menschen erheben wie Regenbogenkrieger." Diese Regenbogenkrieger sind der Prophezeiung nach Menschen unterschiedlicher Farben und Glaubensrichtungen.

Diese Trommelgeschichte geht ebenfalls auf eine indianische Überlieferung zurück und spiegelt die Grundbedeutung des Regenbogens für unsere Zeit wieder: ein Hoffnungszeichen für den Frieden auf dieser Welt.

Perspektive

Dass Menschen sich über andere erheben und besser, stärker und größer sein wollen, ist eine alltägliche Erfahrung. Zur Entwicklung eines Kindes gehört immer wieder die persönliche Abgrenzung von anderen, um die eigene Identität zu entdecken. Das gemeinsame Zusammenleben wird dann erschwert, wenn diese Abgrenzung zur Abwertung und somit zur Ausgrenzung führt. Diese Form der Selbstbehauptung geht zu Lasten anderer.

Diese Trommelgeschichte erzählt die Suche nach einer Balance von Individualität und Gemeinschaft.

Sie stellt die Schönheit und Bedeutung eines jeden heraus. Jeder ist für sich wichtig und bedeutsam für das gemeinsame Leben. Denn wie das gemeinsame Leuchten der einzelnen Farben zu einem Regenbogen wird, so wird unser Leben bunt durch das Zusammenleben von verschiedenen Kulturen und Hautfarben.

Jedes Kind ist wie eine Farbe: einzigartig und unverwechselbar.

Trommelgeschichte

Ich will euch erzählen ...

... von einem wunderbaren Land – so bunt und schön: Es war das Land der Farben. Alle Farben dieser Welt lebten hier friedlich und harmonisch zusammen.

Jeden Tag, wenn die Farben sich sahen, sagten sie zueinander:
„Ooohh, du bist aber eine schöne Farbe! Herrlich, toll, klasse ...!"
Stell dir vor, du könntest dies jeden Tag hören,
das geht runter wie quietschgelbes Vanilleeis.

Jeden Tag sagten sie zueinander: Du – bist – klasse – Du – bist – klasse ...

Die Erzählerin spricht den Satz immer mehr im Rhythmus und beginnt, den Satz auf den Oberschenkeln zu trommeln. Die Kinder sprechen und trommeln auf den Oberschenkeln mit. Wenn die Kinder im Rhythmus sind, wird auf den Trommeln weitergetrommelt.

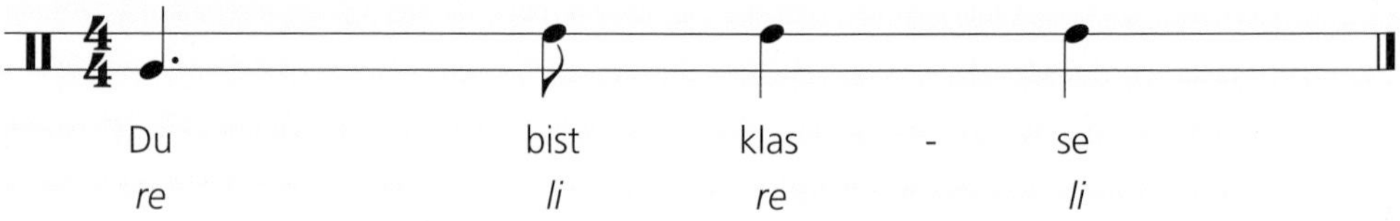

Variante: der Rhythmus kann auch zur Musik getrommelt werden.

CD 2 · Nr. 21

Aber mit der Zeit veränderte sich die Stimmung in diesem Land. Die Farben begannen, sich so merkwürdig anzusehen. Hier und da standen einige zusammen und zeigten grimmig auf die anderen.

Eines Tages meldete sich die Farbe Blau zu Wort und sprach:

„Ohhhh! Ihr seid alle wunderschöne Farben. Aber eins solltet ihr bedenken: Wenn ihr in den Himmel schaut, welche Farbe könnt ihr erkennen? Und welche Farbe hat das Meer? Blau ... – stimmt. Tja – ich bin die Farbe der Weite und der Freiheit. Niemand kann ohne die Freiheit leben. Deswegen bin ich die wichtigste Farbe."

Da waren die Farben plötzlich verunsichert. Wie? Jetzt wollte eine Farbe wichtiger sein als alle anderen? Das gab es doch bis jetzt noch nie.

Da versuchte die Farbe Blau alle zu überzeugen:

Damit die Kinder den Ruf kennenlernen, spricht die Erzählerin den Farbenruf erst rhythmisch Zeile für Zeile vor, ohne Trommeln, und die Kinder wiederholen. Am Ende des Farbenrufs ruft die Erzählerin laut „...iiiiiisssst – blau!" Alle stimmen einen Trommelwirbel an und auf „blau" trommeln alle gemeinsam einen Schlag.

Dann stimmt sie den 4/4-Rhythmus mit der Trommel an und alle Kinder trommeln mit. Im Trommelrhythmus ruft die Erzählerin einen Vers und die Kinder wiederholen ihn. Am Ende wieder der Trommelwirbel „… iiiiiiisssst – blau!“ und der gemeinsame Trommelschlag auf „blau“.

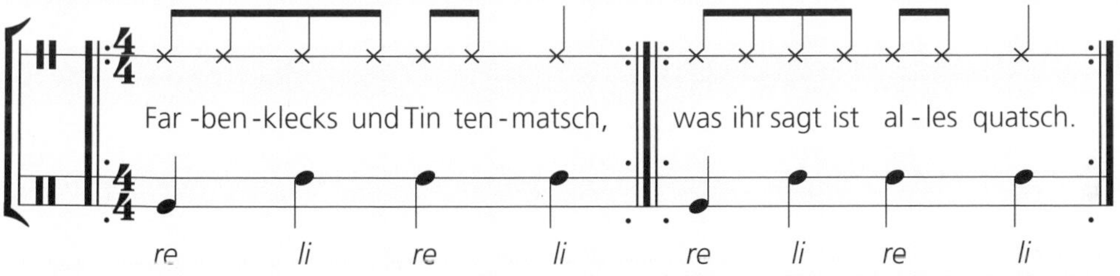

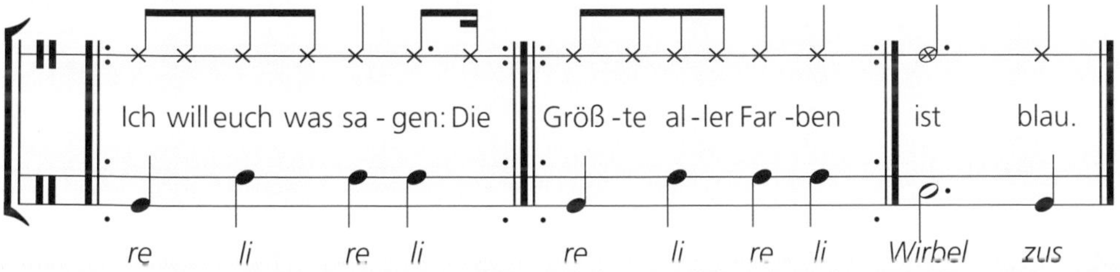

Da meldete sich die Farbe Gelb:

„Huch, was seid ihr alle ernst. Wir können das Problem doch ganz leicht lösen: Am Himmel steht die Sonne – und welche Farbe hat die Sonne? Tja – gelb! Ich bin die Farbe der Wärme. Niemand kann ohne die Wärme leben. Deswegen bin ich die wichtigste Farbe! Stimmt's?“

Ein Streit brach aus – auf einmal wollten sie alle wichtiger sein.

Da rief die Farbe Gelb:

Die Erzählerin trommelt wieder den 4/4-Rhythmus und alle trommeln mit. Dann ruft sie in den Rhythmus die Verse und alle Kinder wiederholen (siehe oben).

Da meldete sich die Farbe Grün: „Haaallo! Ihr habt etwas übersehen. Seht euch die Wiesen, die Blätter der Bäume und all die vielen Pflanzen an: Sie sind alle grün. Und Grün ist die Farbe der Hoffnung. Ohne Hoffnung kann nun wirklich keiner leben. Daher bin ich die wichtigste Farbe von allen!“

Der Streit im Land der Farben wurde immer heftiger.

Die Farbe Grün rief mit voller Stimme:

Es erklingt wieder der 4/4-Rhythmus und der Farbenruf wie vorher (Seite 131).

Da hörten alle die unverkennbare Stimme der Farbe Rot:

„Heee – Schluss mit diesem albernen Streit. Ich bin die wichtigste Farbe, ist das klar? Nein?! Dann will ich es euch beweisen: Was fließt in euren Adern? Bluuuut! Und welche Farbe hat Blut? Rot! Tjaaaa: Ich bin die Farbe des Lebens schlechthin. Deswegen bin ich die bedeutsamste aller Farben.

Nein?! Gut! Dann will ich es noch anders beweisen: Wenn zwei Menschen sich lieben, dann schenken sie sich manchmal Rosen. Welche Farbe haben die Rosen? Rot!! Ich bin die Farbe der Liebe. Niemand kann ohne die Liebe leben. Deswegen bin ich die größte aller Farben."

Jetzt war kein Halten mehr. Die Farben stritten wie nie zuvor.

Mitten in diesem Tumult rief die Farbe Rot:

Trommel-Rhythmus und Farbenruf wie vorher (Seite 131).

Ein Chaos brach im Lande aus. Chöre erschallten:
„Sie ist richtig mies – ihr Name ist türkise!"

Und andere riefen: „Nieder mit Flieder!"

Mitten in diesem Chaos geschah etwas, womit niemand gerechnet hatte.

Mit den Fingerspitzen trippeln alle vereinzelt auf das Trommelfell. Die Kinder können raten, was nun geschieht. Und die Erzählerin erzählt währenddessen weiter:

Ein feiner Nieselregen rieselte auf die Farben hernieder.
Doch der Regen wurde immer stärker.

Alle trommeln mit den flachen Händen immer lauter.

Dann brach ein heftiges Unwetter aus. Blitze, Donner schlugen ein.

Alle trommeln ganz wild durcheinander.

Die Farben bekamen Angst und vergaßen ihren Streit. Alle schmiegten sie sich ganz dicht aneinander und suchten so gemeinsam Trost, während der Regen unbarmherzig auf sie niederprasselte.

Die Kinder können sich nun ebenfalls ganz klein machen und dicht zusammenkauern.

Und die Erzählerin erzählt weiter:

Da hörte man plötzlich die Stimme des Regens:
„Hahaha, ihr Farben! Ihr macht mir vielleicht Spaß von hier oben.
Aber jetzt ist Schluss mit eurem Streit. Hört gut zu:

Wie soll ein Leben hier auf der Erde möglich sein ohne dich Blau – ohne die Freiheit. Und wie soll das Leben überhaupt gelingen ohne dich Gelb – ohne die Wärme.

Und ohne dich Farbe Grün – ohne die Hoffnung – ist das Leben schwer.

Und wer sollte leben können ohne dich Farbe Rot – ohne die Liebe?

Das ganze Leben braucht euch alle – ihr alle seid wichtig!

Ich bitte euch: Werdet zu einem Zeichen für die Menschen und verbindet euch miteinander."

Die Kinder können sich einander die Hände reichen.
Die Erzählung geht so weiter:

„Werdet zu einem farbigen Bogen am Himmel. Wann immer euer Regenbogen am Himmel aufleuchtet, können sich die Menschen daran erinnern, dass ihnen alle Farben des Lebens geschenkt sind: die Freiheit – die Wärme – die Hoffnung und die Liebe. Dies ist es, was uns alle miteinander verbindet."

Lied

Viele Farben hat das Licht

CD 1 · Nr. 18
CD 2 · Nr. 22

Text und Musik: Markus Hoffmeister

Der Refrain kann mit folgendem Rhythmus getrommelt werden:

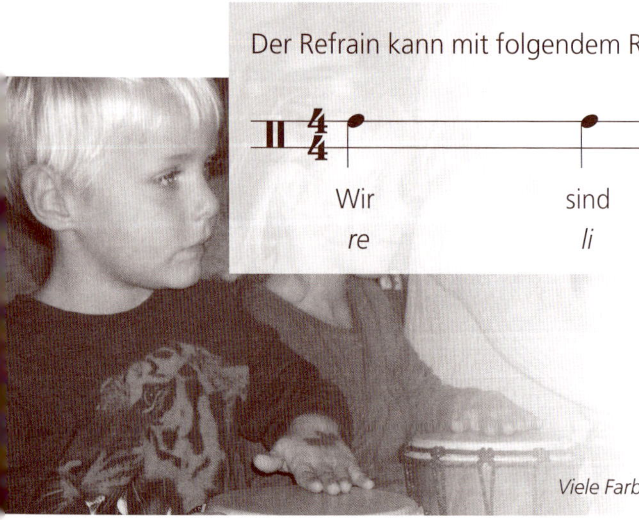

Viele Farben hat das Licht

Viele Farben hat das Licht

das Land der Farben	*Ich will euch erzählen … Es war das Land der Farben.* *Jeden Tag, wenn die Farben sich sahen, sagten sie zueinander: „Du – bist – klasse – Du – bist – klasse …“* • Den Satz im Rhythmus sprechen und auf den Oberschenkeln trommeln. Dann wechseln auf die Trommeln.
die Veränderung	*Aber mit der Zeit veränderte sich die Stimmung in diesem Land.*
die Farbe Blau Farbe der Freiheit	*Eines Tages meldete sich die Farbe Blau zu Wort und sprach: „Ich bin die Farbe der Weite und der Freiheit. Niemand kann ohne die Freiheit leben. Deswegen bin ich die wichtigste Farbe.“* *Jetzt wollte eine Farbe wichtiger sein als alle anderen?* *Da versuchte die Farbe Blau alle zu überzeugen:* • Der Farbenruf wird erst rhythmisch gerufen und die Kinder wiederholen. Am Ende Trommelwirbel und auf „blau“ Trommelschlag. Dann im 4/4-Rhythmus trommeln und rufen.
die Farbe Gelb Farbe der Wärme	*Da meldete sich die Farbe Gelb:* *„Ich bin die Farbe der Wärme. Niemand kann ohne die Wärme leben. Deswegen bin ich die wichtigste Farbe! Stimmt's?“ Ein Streit brach aus.* *Da rief die Farbe Gelb:* • 4/4-Rhythmus trommeln und mit Farbenruf begleiten. „… iiiiiiisssst – gelb!“ mit Trommelwirbel und Trommelschlag
die Farbe Grün Farbe der Hoffnung	*Da meldete sich die Farbe Grün:* *„Grün ist die Farbe der Hoffnung. Ohne Hoffnung kann nun wirklich keiner leben. Daher bin ich die wichtigste Farbe von allen!“ Der Streit im Land der Farben wurde immer heftiger.* *Die Farbe Grün rief mit voller Stimme:* • Es erklingt wieder der 4/4-Rhythmus und der Farbenruf wie oben. „… iiiiiiisssst – grün!“ mit Trommelwirbel und Trommelschlag
die Farbe Rot Farbe der Liebe	*Da hörten alle die unverkennbare Stimme der Farbe Rot:* *„Ich bin die Farbe der Liebe. Niemand kann ohne die Liebe leben. Deswegen bin ich die größte aller Farben.“ Die Farben stritten wie nie zuvor.* *Mitten in diesem Tumult rief die Farbe Rot:* • Trommel-Rhythmus und Farbenruf wie oben. „… iiiiiiisssst – rot!“ mit Trommelwirbel und Trommelschlag
Chaos	*Ein Chaos brach im Lande aus. Mitten in diesem Chaos geschah etwas, womit niemand gerechnet hatte.*
feiner Regen setzt ein	• Mit Fingerspitzen leise trippeln. *Ein feiner Nieselregen rieselte auf die Farben hernieder. Doch der Regen wurde immer stärker.*
Ein Unwetter setzt ein	• Alle trommeln mit den flachen Händen immer lauter. *Dann brach ein heftiges Unwetter aus. Blitze, Donner schlugen ein.* • Alle trommeln ganz wild durcheinander. *Die Farben bekamen Angst und schmiegten sich ganz dicht aneinander.* • Die Kinder machen sich ganz klein.
die Stimme des Regens alle sind wichtig	*Da hörte man plötzlich die Stimme des Regens: „Aber jetzt ist Schluss mit eurem Streit. Hört gut zu: Das ganze Leben braucht euch alle – ihr alle seid wichtig! Werdet zu einem Zeichen für die Menschen und verbindet euch miteinander.“* • Die Kinder können sich einander die Hände reichen.
der Regenbogen als Zeichen	*Wann immer euer Regenbogen am Himmel aufleuchtet, können sich die Menschen daran erinnern, dass ihnen alle Farben des Lebens geschenkt sind: die Freiheit – die Wärme – die Hoffnung und die Liebe. Dies ist es, was uns alle miteinander verbindet.“* • Lied singen und trommeln – CD 2 · Nr. 22 – „Viele Farben hat das Licht“

Elija unterm Ginsterstrauch

Hintergrund

Diese Geschichte stammt aus dem ersten Testament der Bibel (1 Könige 19).

König Ahab (875 – 852 v. Chr.) regierte, nachdem das Land Israel in zwei Hälften auseinander gebrochen war, das Nordreich Israels. Er heiratete aus politischen Motiven Isebel, eine phönizische Prinzessin und Anhängerin des Baal-Kults. In dieser Religion war der Gott Baal vor allem für die Fruchtbarkeit und für das Wetter zuständig. Offensichtlich hatte sie einen großen Einfluss auf ihren Ehemann, denn er ließ zu, dass sie diesen Kult in Israel offiziell einführte und alle verfolgen ließ, die sich zum Glauben an den einen Gott Israels offen bekannten. So kam es auch zu einer dramatischen Auseinandersetzung mit dem Propheten Elija. Propheten waren Gottesmänner, die sich nicht selbst dazu berufen hatten, sondern der Tradition nach von Gott selbst beauftragt wurden, den Glauben zu bewahren.

So forderte Elija den König Ahab heraus. Es kam zu einem Wettstreit der Religionen in Form eines Gottesurteils. Er versammelte Volk und Propheten auf dem Berg Karmel. Während Baal, von Elija verspottet, sich nicht zeigte, erschien der Gott Abrahams, Isaaks und Jakobs im Feuer und erwies sich als der einzig wahre. Elija nutzte die Gunst der Stunde und brachte die Baalpropheten um. Das kam bei der Prinzessin Isebel gar nicht gut an, die selbst einen Kampf auf Leben und Tod um ihre Religion führte und nun ihrerseits Elija nach dem Leben trachtete. Der hat nur noch eine Möglichkeit: Er macht sich aus dem Staub.

Perspektive

Kaum eine Geschichte hat so ein großes Spektrum an Stimmungen wie die vom Elija in der Wüste. Von den ganz leisen und zarten Momenten bis hin zum tosenden Erdbeben ist alles vorhanden. Somit ist diese Erzählung allein schon vom Klangspektrum ein echtes Erlebnis.

Noch mehr fasziniert mich aber die Tiefe, die in dieser Erzählung verborgen liegt. Denn diese Geschichte erzählt von einem Menschen, der alles, wofür er lebte und woran er glaubte, verloren hat. Er will aufgeben, da sein Lebenskonzept zerbrochen ist. In diesem Abgrund erfährt Elija etwas, was ihn am Leben hält. Was war es? Würden wir den Elija im Nachhinein fragen: „Elija, was hat dich am Leben erhalten?", würde er vielleicht sagen: „Da war eine Kraft." Wie sonst will man diese Erfahrung beschreiben. Diese Kraft hilft ihm, durch die Wüste seines Lebens hindurchzugehen: 40 Tage und Nächte lang. Die Zahl 40 taucht in der Bibel oft auf und verweist stets auf eine Verwandlung, eine Erneuerung. Nach 40 Tagen taucht aus der Sintflut die neue Welt auf, 40 Tage befinden sich Mose und Jesus in der Wüste, nach 40 Jahren erreicht Israel das Gelobte Land.

Ich werde von dieser Erzählung immer wieder angezogen, weil sie so ein starkes Bild bereit hält, welches mich in meinem eigenen Leben direkt anspricht: Wenn ich durch die Wüste meines Lebens gehe, darf ich darauf vertrauen, dass eine Kraft mich halten wird, dass jemand mich begleiten und dass die Wüste sich wandeln und eine neue Zeit kommen wird, wo ich den Glauben an das Sinnvolle im Leben wiederfinden kann. Ob ich an Engel glaube oder nicht, tritt so in den Hintergrund, denn schon das gute Wort einer Freundin oder der Sonnenstrahl, der durch die Wolkendecke bricht, künden vielleicht im richtigen Moment eine neue Zukunft an.

Warum sollten wir Kindern diese Geschichte erzählen? Ist sie nicht viel zu schwer?

Fulbert Steffensky formulierte es einmal so: „Es geht also nicht hauptsächlich darum, dass einer genau versteht, was erzählt wird. Im Erzählen wird ein Raum eröffnet, den ein Kind mit seinen Wünschen und Ängsten betreten und in dem es umhergehen kann. So lernt es leben." (Bick, Ahmet: Gott gibt die Fischstäbchen, Berlin 2004.)

In dieser Geschichte wird eine besondere Dimension des Erzählens deutlich: Es geht nicht immer um das haarkleine Nachvollziehen und Verstehen. In manchen Erzählungen liegen heilende Bilder verborgen, die das Kind eher mit dem Herzen versteht und aufnimmt. Die Geschichte von Elija unterm Ginsterstrauch gehört für mich dazu. Sie vermittelt ein inneres Bild von Grundvertrauen in das Leben und stärkt die Hoffnung in dunklen Zeiten.

Diese Erzählung als Trommelgeschichte zu überliefern, bedeutet, dieses innere Bild mit Leib und Seele erfahrbar werden zu lassen.

Trommelgeschichte

Hinweis: Bei einer Erzählrunde mit bis zu 20 Kindern ist für diese Geschichte ein Kreis sinnvoll. Die Kinder werden vor der Geschichte darauf hingewiesen, dass sie während der Erzählung einmal die Augen schließen und so lange geschlossen halten, bis der Nachbar ihnen etwas ins Ohr flüstert.

Königin Isebel bebte vor Wut und rief: „Schickt einen Boten zu Elija und richtet ihm aus: Ich werde dich töten lassen! Denn ich bin mächtiger und alle sollen an meinen Gott Baal glauben – auch du und dein Volk Israel!"

Elija war ein Prophet – ein Mann Gottes. Und mit aller Kraft kämpfte er für seinen Glauben. Doch als er hörte, dass es um sein Leben ging, floh er so schnell es ging in die Wüste. So lief Elija so schnell er nur konnte.

Alle trommeln schnell durcheinander.

Aber in der Wüste war es heiß und seine Schritte wurden immer langsamer.

Das Trommeln wird immer langsamer, leiser und klingt schließlich aus.

Am Abend fiel er völlig erschöpft unter einen Strauch auf die Erde. Und er rief:

„Herr, es ist genug. Ich kann nicht mehr! Mein ganzes Leben habe ich für dich gekämpft, doch du hast mich verlassen. Herr, lass mich sterben!“

Danach fiel er in einen langen, tiefen Schlaf.

Die Kinder nehmen ihre Hände als Kissen und legen den Kopf darauf. Für einen Moment schließen sie die Augen. Es ist ganz still. Die Erzählerin berührt ein Kind ganz sanft und flüstert ihm „Elija“ ins Ohr und gibt ihm ein Zeichen, dass es dieses Wort an den Nachbarn flüsternd weitergeben soll.

Hinweis: Wenn die Gruppe größer ist (ab 15 Kinder) kann das Signal einmal rechts- und linksherum gegeben werden. Wenn alle das Wort empfangen haben, geht die Erzählung weiter:

Plötzlich wachte Elija auf. Jemand hatte ihn berührt. Wer war das?
Elija schlug seine Augen auf und sah einen Engel Gottes.

„Elija“, sprach der Engel, „steh auf und iss!“
Und richtig – da lag ein frisches Brot und auch ein Wasserkrug stand dabei.

Elija aß und trank, doch dann legte er sich wieder hin und schlief weiter.

Die Kinder nehmen ihre Hände als Kissen, legen den Kopf darauf und schließen für einen Moment die Augen. Die Erzählerin berührt diesmal ein anderes Kind ganz sanft und flüstert ihm „Elija“ ins Ohr und gibt ihm ein Zeichen, dass es dieses Wort an den Nachbarn flüsternd weitergeben soll. Wenn alle das Wort empfangen haben, geht die Erzählung weiter:

Doch was war das? Wieder hatte ihn jemand berührt und der Engel Gottes stand vor Elija und sprach: „Elija, steh auf und iss, denn du hast noch einen weiten Weg vor dir!“ Da stand Elija auf, aß und trank sich satt und machte sich auf den Weg – 40 Tage und Nächte durch die Wüste.

Alle trommeln in einem ruhigen 4/4-Rhthymus.

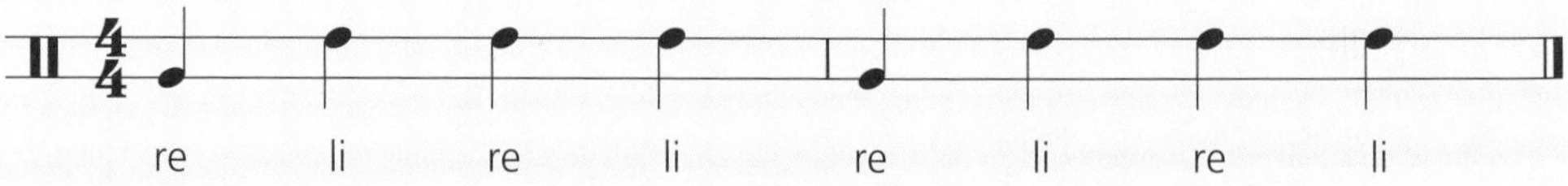

An manchen Tagen war es sehr heiß und seine Schritte schwer.

Alle trommeln den 4/4-Rhythmus ganz langsam und schwer.

In den Nächten war es kühl und er ging flotten Schrittes.

Jetzt trommeln alle viel schneller, aber in einem gemeinsamen Rhythmus.

An manchen Tagen war er sehr traurig, weil er sich einsam fühlte.

Alle trommeln ganz leise und vorsichtig am Trommelrand.

An manchen Tagen aber war er sehr wütend, weil er glaubte, dass Gott ihn verlassen hatte.

Das Trommeln im 4/4-Rhythmus wird jetzt richtig laut.

So lief Elija 40 Tage und Nächte durch die Wüste.

Alle trommeln wieder einen ruhigen Rhythmus.

Eines Tages erreichte Elija den großen Berg Sinai.
Man nannte ihn auch den Gottesberg, weil sich hier Gott dem Mose gezeigt hatte.
Ob sich Gott dem Elija hier zeigen würde?
Elija versteckte sich in eine Höhle und wartete.

Die Erzählerin macht eine Pause und lässt die Stille wirken. Dann beginnt sie leise mit den Fingerspitzen am Trommelrand zu trippeln und die Kinder machen mit. Währenddessen erzählt sie weiter:

Plötzlich kam ein starker Wind auf und vor der Höhle brach ein Sturm los.

Das Trommeln am Trommelrand wird immer lauter und lauter.

„Ja, sicher ist Gott im Sturm", dachte Elija.
Aber Gott war nicht im Sturm.

Da kam plötzlich ein Erdbeben. Der Boden wankte und bebte.

Alle trommeln ganz wild auf der Fellmitte, so dass alles richtig bebt.

*„Sicher ist Gott im Erdbeben", dachte Elija erschrocken.
Aber Gott war nicht im Erdbeben.*

*Da brach ein Unwetter los. Blitze schlugen ein,
es war, als wenn alles beben, toben und brennen würde.*

Alle trommeln ganz wild und laut.

Die Erzählerin zählt ins Trommeln hinein laut bis „3" und alle klatschen einmal in die Hände (stellt die Blitze dar).

Dann wieder wild trommeln. Dies kann ruhig mehrmals wiederholt werden.

So ergibt sich vom Sturm bis zum Unwetter eine Steigerung.

„Sicher ist Gott in diesem Unwetter und in dem Feuer, das draußen brennt", dachte Elija. Aber Gott war nicht in dem Unwetter und auch nicht im Feuer.

Schließlich kam ein sanfter Wind.

Es wird wieder ruhig und alle streichen ganz sanft mit der flachen Hand über das Trommelfell. Diese Bewegung kann immer langsamer werden. Da hinein wird erzählt:

Da hüllte Elija sein Gesicht in seinen Mantel.

Er spürte – in dieser wunderbaren Stille – war Gott ihm ganz nah.

Die Bewegung kann nun langsam ausklingen.

Elija unterm Ginsterstrauch

Merkblatt zur Trommelgeschichte®

Elija unterm Ginsterstrauch

	• Kinder darauf hinweisen, dass sie während der Erzählung einmal die Augen schließen werden und diese so lange geschlossen halten, bis der Nachbar ihnen etwas ins Ohr flüstert.
die Wut der Königin	*Königin Isebel bebte vor Wut – „Ich werde dich töten lassen!"*
Elija flieht in die Wüste	*Elija war ein Prophet – ein Mann Gottes. Er floh so schnell es ging in die Wüste.*
	• Alle trommeln schnell durcheinander.
	Seine Schritte wurden immer langsamer.
	• Das Trommeln wird langsamer, leiser und klingt schließlich aus.
Elija schläft ein	*Am Abend fiel er völlig erschöpft unter einen Strauch auf die Erde. Danach fiel er in einen langen, tiefen Schlaf.*
	• Die Kinder nehmen Hände als Kissen, legen den Kopf darauf und schließen die Augen. Die Erzählerin flüstert „Elija" ins Ohr.
die Berührung des Engels	*Plötzlich wachte Elija auf. Jemand hatte ihn berührt. „Elija", sprach der Engel,„steh auf und iss!" Elija aß und trank und schlief weiter.*
	• Die Kinder nehmen Hände als Kissen, legen den Kopf darauf und schließen die Augen. Die Erzählerin berührt diesmal ein anderes Kind ganz sanft und flüstert ihm „Elija" ins Ohr.
	Wieder hatte ihn jemand berührt.
Elija geht weiter	*„Elija, steh auf und iss, denn du hast noch einen weiten Weg vor dir!"*
	• Alle trommeln in einem ruhigen 4/4-Rhthymus.
	An manchen Tagen war es sehr heiß und seine Schritte schwer.
	• Alle trommeln den 4/4-Rhythmus ganz langsam und schwer.
	In den Nächten war es kühl und er ging flotten Schrittes.
	• Alle trommeln viel schneller.
	An manchen Tagen war er sehr traurig, weil er sich einsam fühlte.
	• Alle trommeln ganz leise und vorsichtig am Trommelrand.
	An manchen Tagen aber war er sehr wütend, weil er glaubte, dass Gott ihn verlassen hatte.
	• Das Trommeln im 4/4-Rhythmus wird jetzt richtig laut.
40 Tage und Nächte	*So lief Elija 40 Tage und Nächte durch die Wüste.*
	• Alle trommeln wieder einen ruhigen Rhythmus.
der Berg Sinai	*Eines Tages erreichte Elija den großen Berg Sinai. Ob sich Gott dem Elija hier zeigen würde?*
	• Leise mit den Fingerspitzen am Trommelrand trippeln.
ein Sturm	*Plötzlich kam ein starker Wind auf und vor der Höhle brach ein Sturm los.*
	• Das Trommeln am Trommelrand wird immer lauter.
	„Ja, sicher ist Gott im Sturm", dachte Elija. Aber Gott war nicht im Sturm.
ein Erdbeben	*Da kam plötzlich ein Erdbeben.*
	Alle trommeln ganz wild auf der Fellmitte, so dass alles richtig bebt.
	„Sicher ist Gott im Erdbeben." Aber Gott war nicht im Erdbeben.
ein Unwetter	*Da brach ein Unwetter los.*
	• Alle trommeln ganz wild und laut. Die Erzählerin zählt ins Trommeln hinein laut bis „3" und alle klatschen einmal in die Hände.
	„Sicher ist Gott in diesem Unwetter." Aber Gott war nicht in dem Unwetter.
	Schließlich kam ein sanfter Wind.
	• Alle streichen ganz sanft mit der flachen Hand über das Trommelfell.
die Stille	*Da hüllte Elija sein Gesicht in seinen Mantel.*
und die Nähe Gottes	*Er spürte – in dieser wunderbaren Stille – war Gott ihm ganz nah.*
	• Bewegung ausklingen lassen.

Die Hände üben …

Trommelreise

Kapitel 3

Übungsgeschichten

Mit diesen beiden Kurzgeschichten können die Grundprinzipien des Trommelerzählens eingeübt werden. Sie sind für den Einstieg besonders gut geeignet.

Übungsgeschichte 1:

Die Löwenjagd

Grundprinzip

Die Gruppe ruft und trommelt stets das nach, was der Vorspieler vorgibt.
Einzige Ausnahme: Vorspieler ruft: „Huhhhh!"
und die Gruppe antwortet: „Was ist denn das?"

Wenn die Kinder die Löwenjagd noch nicht kennen, sollten auch die Sätze mit den entsprechenden Bewegungen eingeübt werden:

Wir können nicht drüber	Geste mit den Händen für „darüber" machen
Wir können nicht drunter	Geste mit den Händen für „darunter" machen
Wir können nicht drumherum	mit den Händen „drumherum" zeigen
Da müssen wir durch!	auf „durch" hauen alle ganz kräftig auf die Trommel

Und jetzt geht es los!

Trommelgeschichte

1. Strophe:

Zunächst wird ein 4/4-Rhythmus angestimmt und alle Trommeln mit.

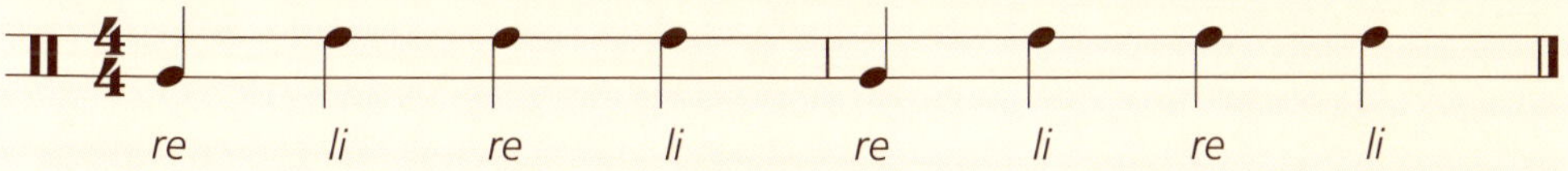

In diesen Rhythmus ruft die Erzählerin vor und alle Kinder wiederholen:

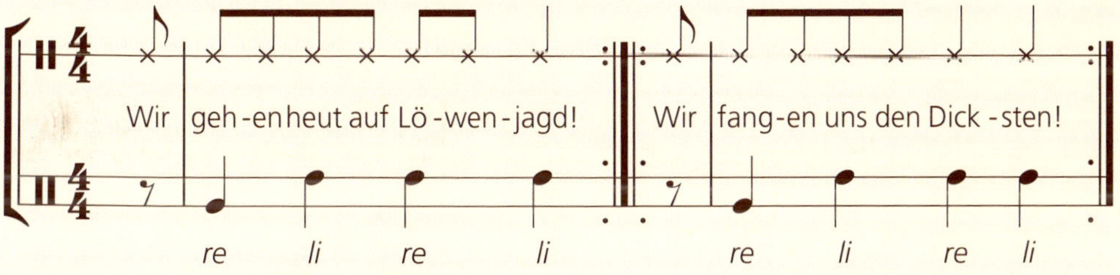

Gruppe: *Was ist denn das?*
Wir kommen an ein hohes Gras!

Mit den Armen andeuten, wie hoch es ist!

(alle) *Wir können nicht drüber,*
wir können nicht drunter,
wir können nicht drumherum,
da müssen wir durch!

Alle reiben mit den flachen Händen über das Trommelfell und rufen dazu „Schscht – Schscht – Schscht".

Geschafft! Weiter geht's!

2. Strophe:

Die Erzählerin ruft vor und alle Kinder wiederholen:

Wir geh-en heut auf Lö-wen-jagd! … (siehe Strophe 1)

Gruppe: *Was ist denn das?*
Wir kommen an einen Sumpf!

(alle) *Wir können nicht drüber,*
wir können nicht drunter,
wir können nicht drumherum,
da müssen wir durch!

Mit den flachen Händen auf die Trommel platschen und dazu „Watsch – Watsch – Watsch" rufen.

Geschafft! Weiter geht's!

3. Strophe:

Die Erzählerin ruft vor und alle Kinder wiederholen:

Wir geh-en heut auf Lö-wen-jagd! … (siehe Strophe 1)

Gruppe: *Was ist denn das?*
Wir kommen in einen dichten Dschungel!

(alle) *Wir können nicht drüber,*
wir können nicht drunter,
wir können nicht drumherum,
da müssen wir durch!

Dazu holen wir alle unsere Machete heraus – das ist ein scharfer Säbel.

Alle holen ihre Machete heraus.

Und wir schlagen uns einen Weg durch den Dschungel und das klingt so:

Alle rufen „Taaaaiiiiiiii …" und trommeln dazu einen Trommelwirbel, der immer lauter wird, bis am Ende alle „Che!" rufen und dabei gleichzeitig mit beiden Händen auf die Trommel schlagen. Wichtig hier: Der Vorspieler muss eindeutig das Signal geben, wann die Gruppe auf „Che" zusammen trommelt! Dies mehrmals wiederholen!

Geschafft!

4. Strophe:

Die Erzählerin ruft vor und alle Kinder wiederholen:

Wir geh-en heut auf Lö-wen-jagd! … (siehe Strophe 1)

Gruppe: *Was ist denn das?*
Wir kommen in eine Höhle!

(alle) *Wir können nicht drüber,*
wir können nicht drunter,
wir können nicht drumherum,
da müssen wir durch!

Alle tapsen mit den Fingerspitzen leise auf der Trommel und flüstern dazu „Taps – Taps – Taps“.

Halt! Ich sehe nichts mehr!
Da – ein Punkt – da – noch ein Punkt!
Taschenlampen raus!

Alle holen ihre imaginären Taschenlampen heraus!

Auf drei das Licht an: 1 – 2 – 3
(brüllt) Hiiiilfeee! Ein Löwe!

Alle trommeln wie verrückt – jetzt geht es im Schnelldurchlauf den Weg zurück: durch die Höhle, durch den Dschungel, durch den Sumpf und durch das hohe Gras – jeweils mit entsprechenden Trommelgeräuschen.

Endspurt!

Alle trommeln so schnell sie können.

Gerettet!

Übungsgeschichte 2:

Die Hagenūnū-Indianer

Trommelgeschichte

Herzlich willkommen im Land der Hagenunu-Indianer.

Die Sonne geht auf und weil wir im Land der Indianer sind, geht sie zweimal auf.

Alle beginnen ganz leise einen Trommelwirbel, werden immer lauter, dann wieder leiser und dann wieder lauter und dann wieder leiser.

Der Häuptling wacht auf und beginnt sich zu recken und zu strecken.

Alle recken und strecken sich und gähnen dabei laut und herzhaft.

Er horcht, ob alle Indianer noch schlafen.
Dann beginnt er leise zu rufen:

Die Erzählerin ruft leise vor und die Kinder wiederholen.
Variante: Der Ruf kann auch nur im Sprechgesang gerufen werden.

Er horcht wieder, doch alles bleibt still.
Jetzt ruft er lauter:

Die Erzählerin stimmt einen 4/4-Rhythmus an und die Kinder trommeln alle mit.

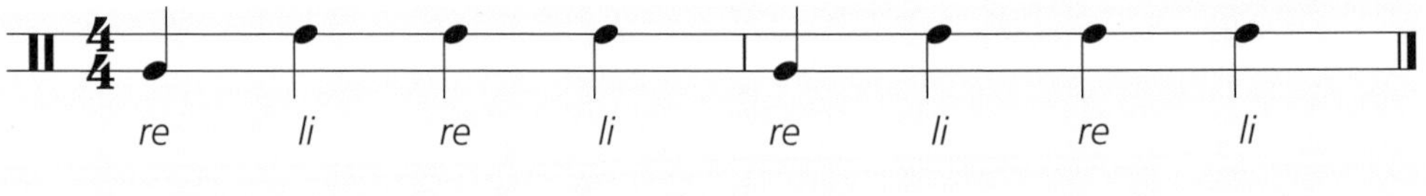

In den Trommel-Rhythmus ruft sie die Verse und die Kinder wiederholen jeweils:

Nun werden auch die anderen Indianer wach. Sie wärmen sich am Feuer.

Alle reiben sich die Hände.

Dann kochen die Indianerfrauen Kaffee und die Indianermänner reiten los zu ihrer Kuh, um Milch für den Kaffee zu holen.

Alle trommeln leichtes Pferdegetrappel.

Dort angekommen gucken sie erstaunt, denn was sehen sie?

„UFF UFF UFF!"

Und alle wiederholen: „UFF UFF UFF!"

Milky die Kuh ist weg!

Man muss dazu sagen, Milky ist seit Gedenken die beste Milchkuh westlich des Mississippi.

Schnell reiten sie zurück.

Das Pferdegetrappel wird nun von allen schneller getrommelt.

Und die Indianermänner rufen schon von der Ferne:
„Milky is away! Milky is away!"

Und alle wiederholen: „Milky is away! Milky is away!"

Die Frauen wissen sofort, was Sache ist und sagen: „Die Aparachos, diese elenden Hunde, haben bestimmt unsere Milky gestohlen. Reitet hin und sucht sie!"

Und die Indianermänner reiten los, durch die Steppe.

Alle trommeln ganz schnell und wild durcheinander.

Vorsicht! Da kommt ein Fluss – bei „3" springen wir drüber:

Alle trommeln wild weiter, in das Trommeln zählt die Erzählerin laut bis „3"
und alle springen auf.

Und die Indianer machen sich gegenseitig Mut mit ihrem Schlachtruf:

Erst wird der 4/4-Rhythmus getrommelt und dann in den Trommel-Rhythmus
die Verse gerufen und die Kinder wiederholen jeweils:

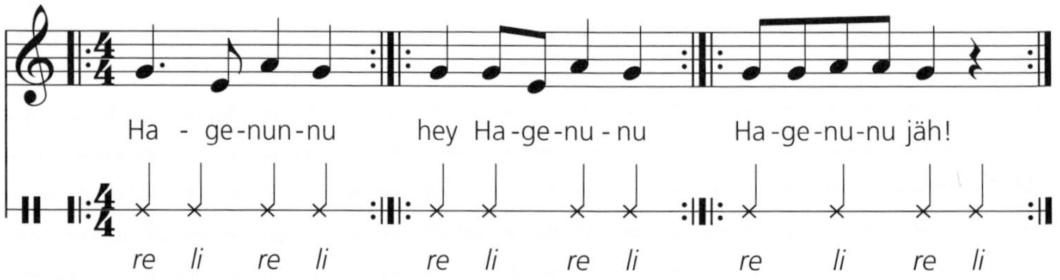

Jetzt geht es durch einen Sumpf.

Alle streichen mit der flachen Hand über die Trommel und machen dazu
„Watsch – Watsch – Watsch".

Und volle Pulle durch die Steppe.

Jetzt darf wieder wild getrommelt werden.

Achtung: Da kommt der Grenzzaun:
auf „3" springen wir drüber:

Alle trommeln wild, in das Trommeln zählt die Erzählerin wieder laut bis „3"
und alle springen auf.

Achtung! Jetzt sind wir im Land der Aparachos.
Wir müssen jetzt etwas leiser werden. Kommt, wir machen uns noch mal Mut:

Der Schlachtruf wird nun ganz leise gerufen und mit den Trommeln
im 4/4-Rhythmus begleitet:

Achtung: Das Dorf kommt schon in Sicht!

Wir müssen absteigen und ganz leise anschleichen!

Alle streichen ganz langsam und leise über das Trommelfell.

Da sind die Zelte! Alle pennen noch!

Alle drehen die Trommel um und schnarchen laut hinein.

DAAA! Da ist unsere Milky. Leise – jetzt nur keinen Fehler machen!

Halt! Arme ausstrecken – Finger spreizen.

Alle strecken so weit wie möglich die Arme nach vorne und spreizen die Finger.

Jetzt holen wir sie uns: 1 – 2 – 3. Wir haben sie! Nichts wie weg!

Auf die Pferde!

Alle trommeln wild und schnell.

Schnell! Die Aparachos sind hinter uns her!

Achtung der Grenzzaun!

In das wilde Trommeln zählt die Erzählerin bis „3" und alle springen auf.

Achtung der Sumpf!

Alle streichen mit der flachen Hand über die Trommel und machen dazu „Watsch – Watsch – Watsch".

Und volle Pulle durch die Steppe!

Wildes, schnelles Trommeln.

Und unser Schlachtruf:

Der Schlachtruf wird ganz laut gerufen und mit den Trommeln im 4/4-Rhythmus begleitet:

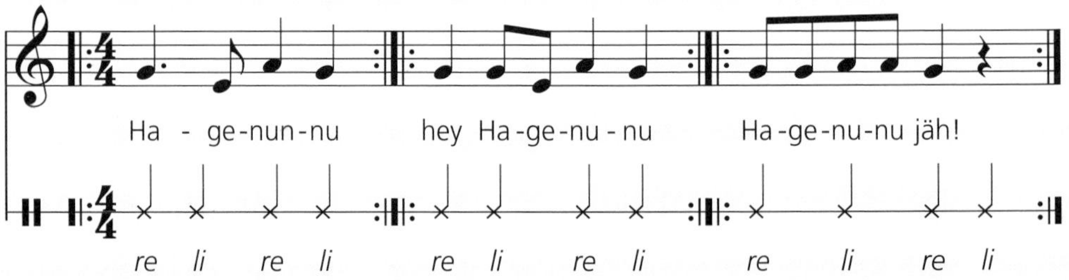

Da – die können nicht mehr! Wir hängen sie ab!
Vorsichtig: der Fluss!

In das wilde Trommeln zählt die Erzählerin bis „3" und alle springen auf.

Da ist unser Dorf – die Frauen winken schon.
Jetzt lassen wir es mal richtig krachen:

Und noch einmal der Schlachtruf mit den Trommeln im Rhythmus.

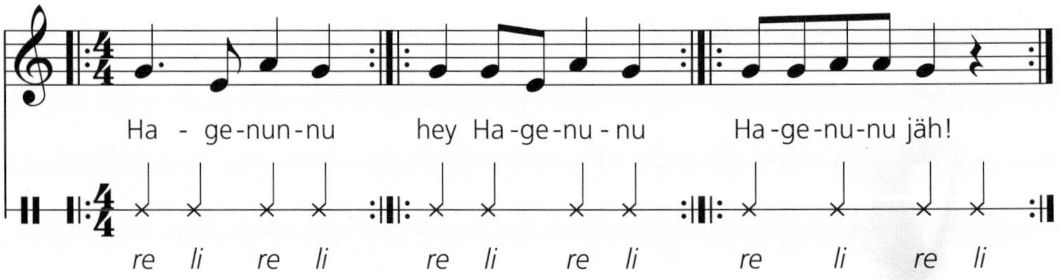

Dann gab es erst mal einen richtigen Kaffee mit Milkymilch!

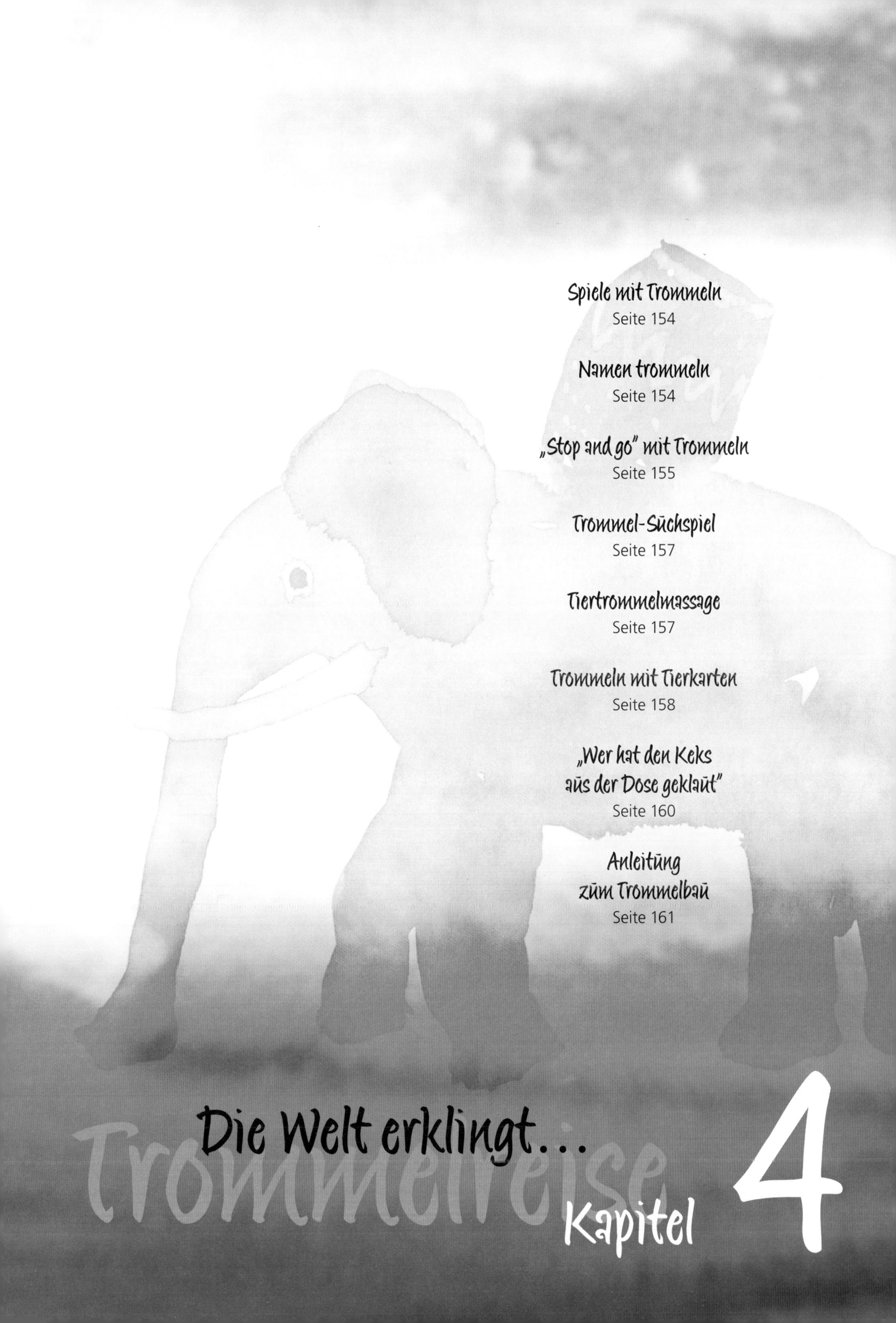

Die Welt erklingt...

Trommelreise

Kapitel 4

Spiele mit Trommeln

Wir können mit den Trommeln Musik machen, singen und spielen.
Diese Trommelspiele machen nicht nur Spaß. Sie fördern die Fähigkeiten des Kindes und der ganzen Gruppe auf verschiedenen Ebenen:

- soziale Interaktion in einer Gruppe
- die Koordinationsfähigkeit
- die Konzentrationsfähigkeit

Meinen Namen trommeln

Diese Übung verbindet Sprache und Rhythmus miteinander und knüpft unmittelbar an die einzelnen Kinder an. Für ein Kind ist es etwas ganz besonderes, wenn es seinen eigenen Namen hört, der von einer Gruppe gerufen und getrommelt wird.

Jedes Kind nennt seinen Vornamen. Der Vorname wird dann zuerst

- im Rhythmus gerufen – Beispiel: Mar - kus
- geklatscht
- dann leise getrommelt
- dann ganz laut getrommelt

Das gleiche Prinzip kann auch bei einsilbigen Namen durchgeführt werden.

Mit etwas älteren Kindern kann man gemeinsam überlegen, wie der eigene Vorname noch anders rhythmisch umgesetzt werden kann. Dazu können auch Silben hinzugefügt werden oder bestimmte Silben ganz anders betont werden.

Beispiel: Ma - Ma - Markus
Floooo - ri - an

„Stop and go" mit Trommeln

Die Übung „Stop and go" kommt ursprünglich aus der Theaterpädagogik und schult vor allem das gemeinsame Agieren auf der Bühne. Mit Trommeln ist diese Übung sehr beeindruckend und bereitet besonders viel Freude.

Alle haben eine Trommel unter dem Arm und gehen mit dieser durch den Raum. Am Anfang haben die Trommeln noch Pause.

1. Erste Übung:

Ruft jemand „Stop" bleiben alle blitzartig stehen, bis jemand aus der Gruppe „Weiter" ruft. Diese Runde sollte mehrmals wiederholt werden, denn dies ist die Grundübung, auf der die weiteren Übungen aufbauen. Hier kommt es sehr darauf an, dass möglichst alle gleichzeitig stehen bleiben und „einfrieren" – das bedeutet, dass sich keiner mehr bewegt.

Hinweis: Kinder neigen dazu, die Rufe „Stop" und „Weiter" zu schnell hintereinander zu rufen. Dies kann zum Beispiel durch eine grüne Fahne verhindert werden. Wenn die Spielleiterin die grüne Fahne hebt, wissen alle, dass ab jetzt wieder gerufen werden darf. Ferner ist darauf zu achten, dass alle stets in Bewegung sind und beim Gehen nicht einschlafen. Die Übung lebt von der Dynamik.

2. Zweite Übung:

Das Grundprinzip bleibt. Ruft jemand „Stop", bleiben alle blitzartig stehen. Wenn nun jemand „Weiter" ruft, gibt er oder sie auch einen Trommelrhythmus vor, den alle mittrommeln, bis wieder jemand „Stop" ruft.

Hinweis: Hier ist nun Durchsetzungsfähigkeit gefragt. Wer „Stop" ruft, muss ganz laut und deutlich rufen.

3. Dritte Übung:

Nun wird die Übung ergänzt. Wer „Weiter" ruft, gibt nicht nur einen Rhythmus vor, sondern nimmt noch die Stimme hinzu (Singen, Rufen oder Geräusche machen passend zum Rhythmus).

Verrückte Ideen beim „Stop and go"

4. Vierte Übung:

Dies ist das Finale der ganzen Übung. Wer nun „Weiter" ruft, gibt einen Rhythmus auf der Trommel vor, nimmt die Stimme hinzu und eine passende Bewegung. Hier sind nun der Phantasie keine Grenzen gesetzt. Rhythmus, Stimme und Bewegung sollten aber zueinander passen.

Diese Übung eignet sich besonders, um das Aufeinanderhören zu schulen und die Kooperation zu fördern.

Das Trommel-Suchspiel

Wer kennt nicht die topfschlagenden Geburtstagskinder, die mit einem Kochlöffel bewaffnet und mit verbundenen Augen loskriechen, um den Schatz zu suchen, während die Geburtstagsgesellschaft lauthals „wärmer, wärmer, kälter ...“ ruft (dabei verpasste so mancher Kochlöffel ein blaues Auge).

Dieses Spielprinzip lässt sich auch mit Trommeln wunderbar umsetzen.

Ein Spieler verlässt zunächst den Raum, während die anderen im Raum einen Gegenstand bestimmen, der gesucht werden soll. Der Spieler begibt sich nun auf die Suche und wird dabei durch das Trommeln der anderen gelenkt. Ganz leises und langsames Trommeln bedeutet „kalt“, wird das Trommelspiel schneller und lauter bedeutet dies „wärmer“. Ganz laute und kräftige Einzelschläge zeigen dem Suchenden dann, dass der Gegenstand in unmittelbarer Nähe ist. Ist dieser dann gefunden, hören alle mit einem lauten Trommelschlag auf.

Die Tiertrommelmassage

Dies ist eine sehr schöne Übung, die Elmar Müller in seinem „Trommel-Erlebnisbuch“ beschreibt *(Müller, Elmar: Das Trommel-Erlebnisbuch. Klanggeschichten und Rhythmusexperimente, München 2003)*. Sie dient der Entspannung und der Förderung der Wahrnehmung.

Zunächst lernen alle Kinder die Tiere auf der Trommel kennen.

Schlange	mit der flachen Hand über das Trommelfell streichen
Mäuse	mit den Fingerspitzen über das Fell trippeln
Panther	vorsichtig mit den Fingernägeln über das Trommelfell kratzen
Affen	mit den Handflächen schnell durcheinander trommeln
Gorilla	mit den Fäusten in der Fellmitte trommeln

Nach einigem Üben ruft die Spielleiterin ein Tier und alle trommeln in der entsprechenden Weise.

Dann stellen alle Kinder ihre Trommel an die Seite. Die Gruppe bildet einen Kreis und stellt sich in Form einer Polonaise auf (jeder hat einen Rücken vor sich). Dabei ist darauf zu achten, dass der Kreis auch eng genug ist und jedes Kind gut an den Rücken des vorderen Kindes herankommt. Die Spielleitung sitzt mit einer größeren Trommel außerhalb des Kreises mit dem Rücken zu den Kindern, so dass die Kinder die Trommel nicht so gut sehen. Sie spielt dann auf der Trommel ein Tier und die Kinder setzen dies in der entsprechenden Bewegung auf dem Rücken des vorderen Kindes um. Dabei muss jeder gut hören, welcher Schlag gerade ausgeführt wird. So ergibt sich eine richtige Tiertrommelmassage.

Trommeln mit Tierkarten

Beim Trommeln mit Tierkarten verbindet sich wieder Rhythmus mit Sprache. Durch das vielfältige Zusammenlegen unterschiedlicher Karten ergeben sich die verschiedenen Rhythmen und Rhythmusfolgen. Für Kinder ist dies eine sehr spielerische Form, eigene Rhythmen zu kreieren.

Folgende Tierkarten stehen zur Verfügung:

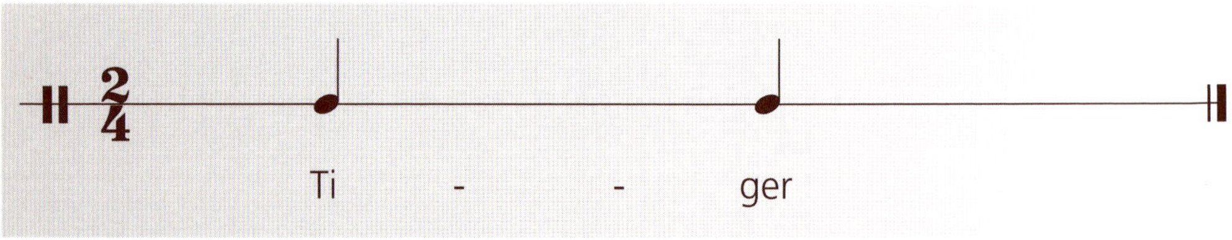

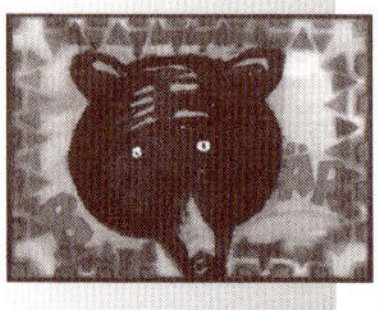

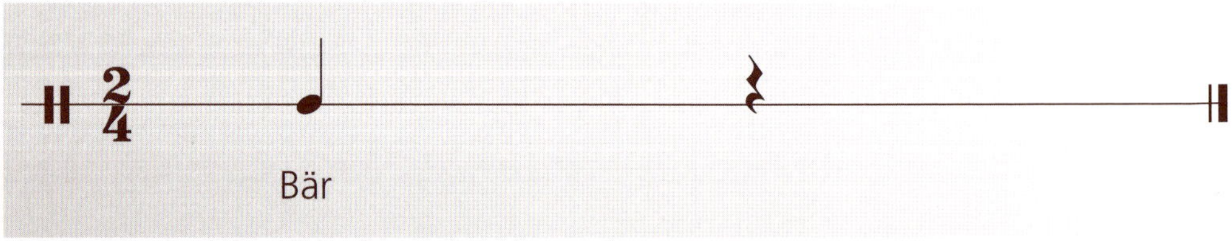

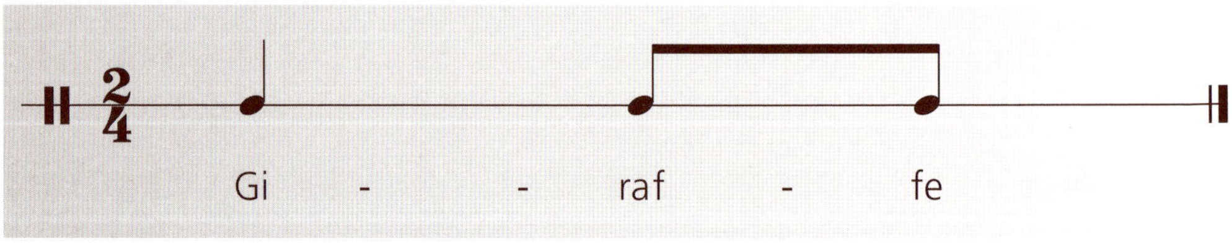

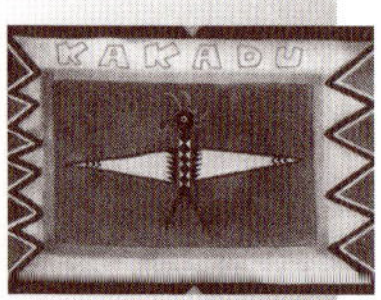

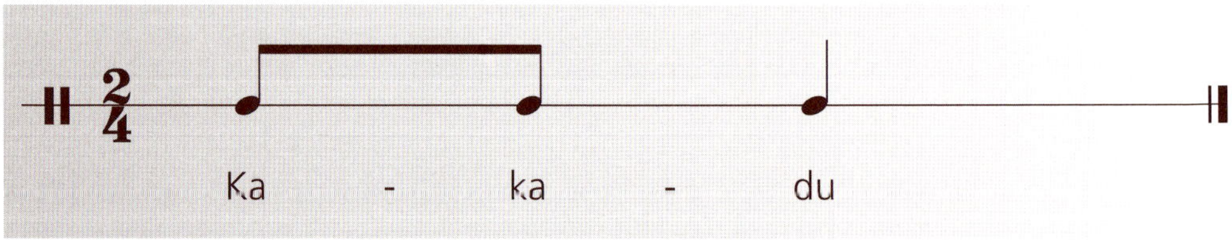

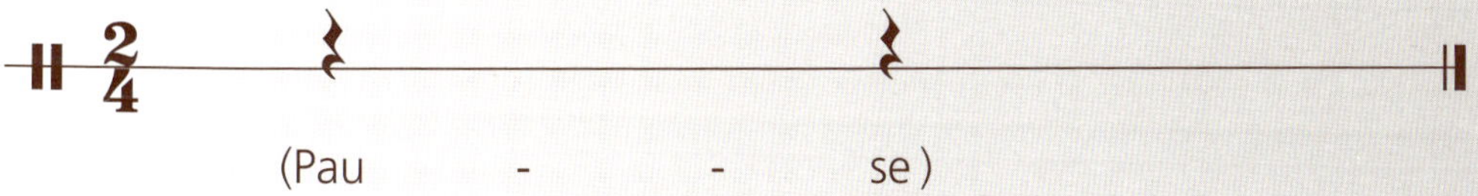

Tierkarten können beliebig ausgesucht und hintereinander gelegt werden.

In der Regel fängt man zunächst mit 2 Tierkarten an, erweitert dann den Rhythmus auf 4 Tierkarten. Der sich ergebende Rhythmus wird erst einmal gesprochen, dann auf dem Körper und schließlich auf den Djemben getrommelt. Schnell entwickelt sich ein Gefühl, welche Tierkarten hintereinander besonders gut klingen. Dabei eignet sich die Bär-Karte vor allem als Abschluss einer Rhythmusfolge.

Einige Rhythmusfolgen werden hier beispielhaft vorgestellt und auf der CD vorgetrommelt:

CD 2 · Nr. 24

Rhythmusfolge 1:

Rhythmusfolge 2:

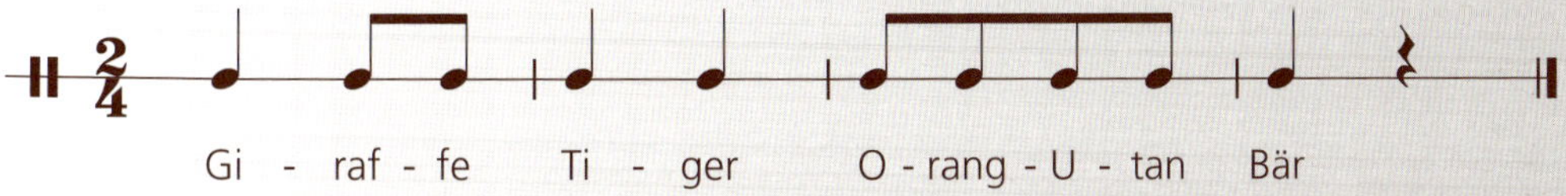

Rhythmusfolge 3:

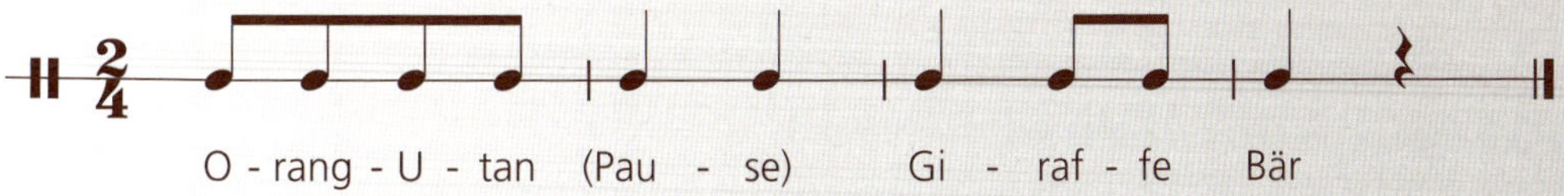

Die gelegten Tierkarten werden in ständigen Wiederholungen gespielt, bis die ganze Gruppe in einem gemeinsamen Rhythmus erklingt.

Wer hat den Keks aus der Dose geklaut

Dieses rhythmische Sprachspiel ist mit Trommeln eine Herausforderung, da es nicht nur darum geht, gemeinsam den Rhythmus zu halten, sondern auch so laut und deutlich zum Trommelrhythmus zu sprechen, dass alle gut zu verstehen sind.

Alle trommeln zusammen einen ganz normalen 4/4-Rhythmus. Dann:
Jemand beginnt mit einer Vermutung:
„Der Phillip hat den Keks aus der Dose geklaut!"
Der Betroffene antwortet: „Wer ich?"
Und alle in der Gruppe rufen zusammen: „Ja, du!"
Der Betroffene antwortet: „Niemals!"
Die Gruppe fragt: „Wer dann?"
Der Betroffene ruft dann: „Die Nina hat den Keks aus der Dose geklaut!"
Und Nina fragt: „Wer ich?" usw.

Das ganze Spiel wird von dem regelmäßigen Trommelrhythmus begleitet.

Das Spiel endet, wenn jemand laut ruft: „Schmeckt gut!"

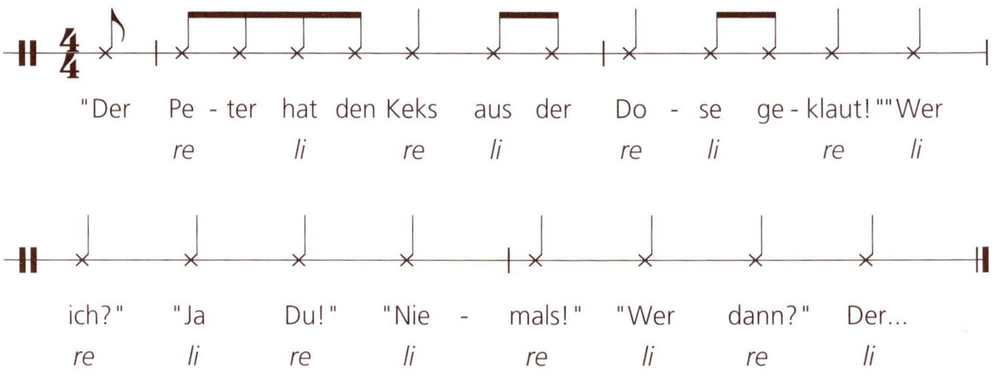

Trommelbau – Bau einer Röhrentrommel

Material:

- PVC-Rohr
  Dies gibt es im Baumarkt oder bei Baustoffhändlern in unterschiedlichen Höhen und Durchmessern. Für Kindergartenkinder sind Trommeln mit größerem Durchmesser hilfreich.
- Rohrschelle passend zum Rohr
- Schleifpapier
- Schläuche für das Trommelfell
  Schläuche sind das Innenleben von alten Auto-, Trecker- oder Motorradreifen. Sie sind erhältlich auf Schrottplätzen oder beim Motorradhändler oder in der Werkstatt für landwirtschaftliche Fahrzeuge.
- Material zum Schmücken: selbstklebende Folie mit verschiedenen Motiven, Bastband, Federn, Perlen, etc.
- Kreuzschraubendreher

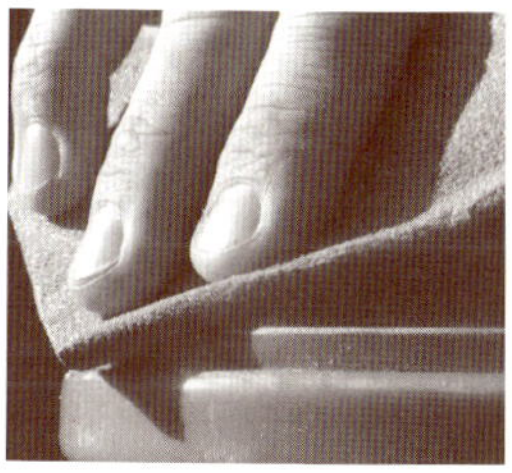

1

Die oberen Ränder vom PVC-Rohr müssen außen und innen abgeschliffen werden, damit das Gummi (Trommelfell) nicht reißt.

Dann wird das Trommelfell rund ausgeschnitten. Dabei sollte darauf geachtet werden, dass der Durchmesser 5 bis 10 cm größer ist als das Rohr.

2

Das Fell wird nun über das Rohr gelegt und die Schelle darüber gestülpt.

3

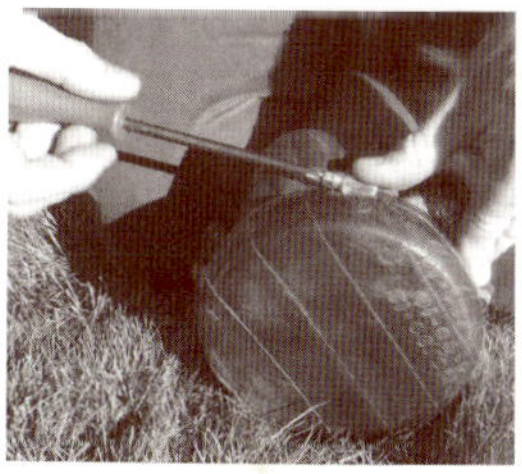

Die Schelle kann dann so weit angeschraubt werden, dass sie nicht mehr über die Wulst hoch rutscht.

4

Nun können die Falten des Felles herausgezogen werden.

5

Im Wechsel wird nun das Fell straff gezogen und die Rohrschelle immer mehr zugeschraubt. Dabei ist darauf zu achten, dass die Schelle nicht mit nach unten rutscht, sondern stets direkt unter der Wulst liegen bleibt.

Mit einem stumpfen Gegenstand kann zum Beispiel die Schelle mit der rechten Hand unter der Wulst gehalten werden und mit der linken Hand wird das Fell straff gezogen.

Am Ende wird die Rohrschelle endgültig festgezogen.

Achtung: Der klingende Ton mit seinem Sustain (Nachhall) kommt erst ganz am Ende des Spannvorgangs. Sollte die Trommel nicht nachklingen, dann ist das Fell noch nicht stramm genug gespannt worden.

Tipp:

Kleinere Kinder können die Djembe noch nicht so gut zwischen den Beinen halten. Sie sitzen gerne auf dem Boden und trommeln auf der vor der ihnen stehenden Trommel. Damit die Röhrentrommel in diesem Fall trotzdem klingt, können mit einer Stichsäge zwei sogenannte Resonanzbögen (wie ein Torbogen) am Fuß der Trommel hineingesägt werden. So kann die Trommel auf dem Boden stehen und der Schall und somit der Klang entweicht durch die Resonanzbögen.

Variante:

Statt eines Schlauches kann auch eine dünne Teichfolie (erhältlich im Baumarkt) verwendet werden. Damit diese geschmeidig und dehnbar ist, wird die Teichfolie direkt vor Verarbeitung in heißem Wasser eingeweicht.

Am Ende kann die Trommel mit den verschiedensten Materialien geschmückt und gestaltet werden. Hier sind der Phantasie keine Grenzen gesetzt.

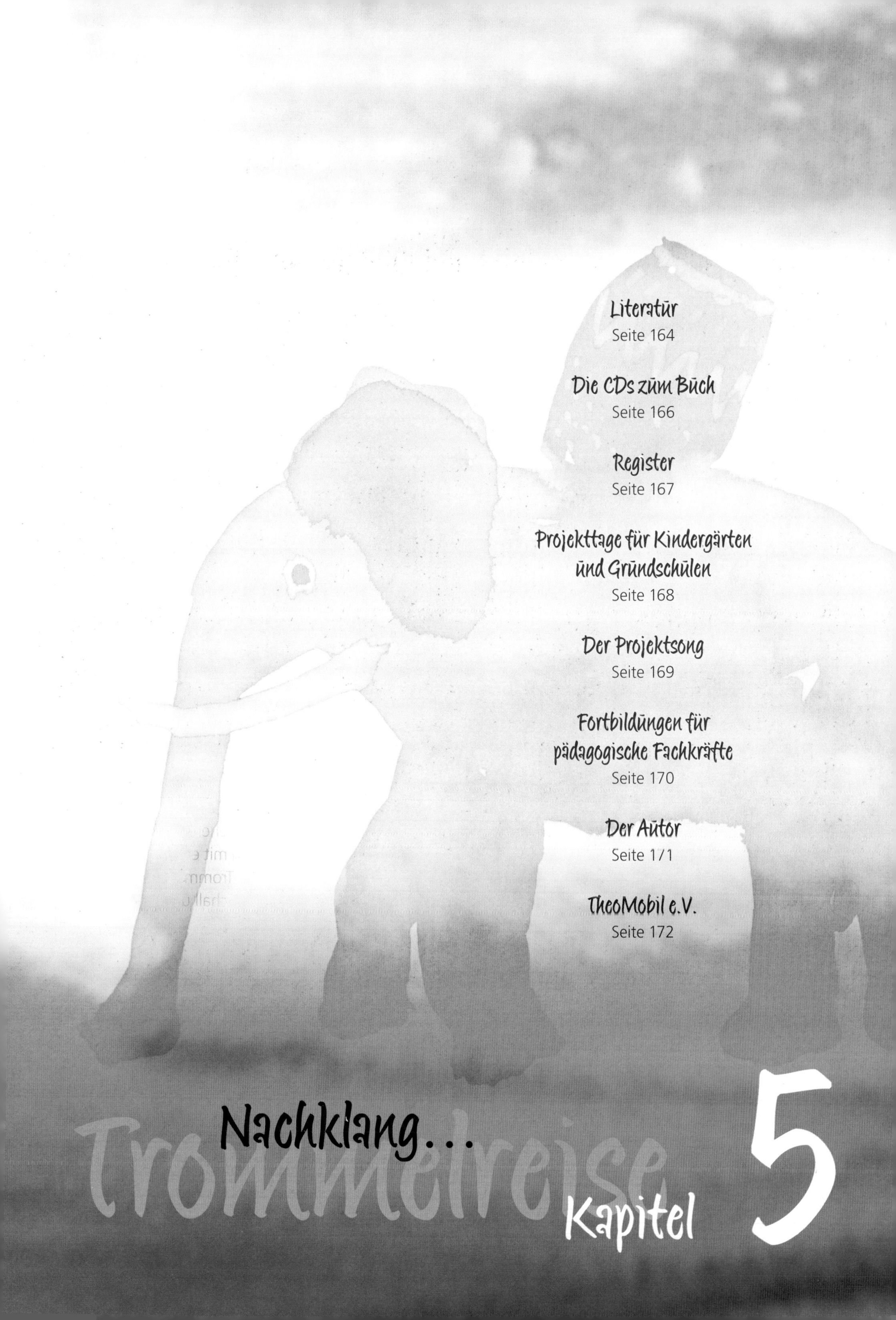

Nachklang…

Kapitel 5

Literatur

Rhythmus und Trommeln in pädagogischen Arbeitsfeldern:

- Lambrecht, Jonny: Trommelzauber.
  Kinder lernen trommeln und erleben Afrika, Münster 2006.
  Dazu passend auch die Doppel-CD.
- Müller, Elmar: Das Trommel-Erlebnisbuch.
  Klanggeschichten und Rhythmusexperimente,
  München 2003.
- Reimann, Michael: Ich lerne trommeln, Darmstadt 2007.
- Portele, Chris / Fröhlich, Mary Ann: Materialheft Projekt Afrika.
  Lieder, Tanz- und Rhythmusideen für die Arbeit mit Kindern,
  Selbstverlag www.kuntu.de.
- Studer, Christoph / Mgonzwa, Benjamin: Jambo Afrika.
  Lieder, Tänze und Spiele, Boppard a.R. 2006.

Trommelbau:

Unter der Seite www.wir-trommeln-fuer-kinder.de findet man eine Videoanleitung zum Trommelbau. Diese Anleitung findet man auch unter www.youtube.de mit dem Stichwort „Trommelbau".

Geschichten aus aller Welt:

- Detterbeck, Markus / Kirmse, Almut: Von Trommlern, Zauberern und wilden Tieren. 6 afrikanische Geschichten mit Liedern, Spielen und Tänzen, Innsbruck 2007.
- Hart, Mickey: Die magische Trommel. Eine Reise zu den Quellen des Rhythmus, München 1991.
- Ganeri, Anita / Morris, Jackie: Unter dem großen Friedensbaum. Geschichten und Mythen aus aller Welt, Stuttgart 1998.
- Jooß, Erich: Kinder des Himmels und der Erde. Schöpfungsgeschichten aus aller Welt, München 1998.
- Kreusch-Jacob, Dorothée (Hrsg.): Der fliegende Trommler, München 1990.
- Mandela, Nelson: Meine afrikanischen Lieblingsmärchen, München 2005.
- Tworuschka, Monika: Die schönsten Tiergeschichten der Religionen, Düsseldorf 2004.
- Özoguz, Yavuz: Liebe Kinder. Ein Bilderbuch mit zwölf islamischen Geschichten, Bremen 2008.

Zur Praxis des Erzählens:

- Hoffmeister-Höfener, Thomas (Hrsg.): Erzählwerkstatt im Kindergarten, Berlin 2009.
- Wardetzky, Kristin / Weigel, Christiane: Sprachlos? Erzählen im interkulturellen Kontext. Erfahrungen aus einer Grundschule, Baltmannsweiler 2008.
- Wasserfall, Kurt: Erzählen lernen. Ein Workshop zur Entwicklung der Sprachkompetenz, Mühlheim an der Ruhr 2004.
- Westhof, Jochem: Erzähl mir was. Tipps für fantasievolles Erzählen, Lahr 2002.

Interkulturelles Lernen:

Hier sei verwiesen auf die Reihe „Auf den Spuren fremder Kulturen“ im Ökotopia-Verlag Münster: www.ökotopia-verlag.de

Die CDs zum Buch

	CD 1 – Gesamtaufnahme	CD 2 – Playbacks
Einstiegslieder	1. Lente *M: Markus Hoffmeister* 2. Das Trommelreise-Lied – unplugged *T & M: Markus Hoffmeister* 3. Ohren auf *T & M: Herbert Adam* 4. Trommelbegrüßungslied *T & M: Markus Hoffmeister*	1. Das Trommelreiselied – unplugged 2. Ohren auf 3. Trommelbegrüßungslied
Der Löwe und die Maus	5. Jeder zählt *T & M: Markus Hoffmeister*	4. Jeder zählt
Awia bo nippa	6. Salibonani *T: Simbabwe · M: Markus Hoffmeister* 7. Awia bo nippa *T & M: Markus Hoffmeister*	5. Salibonani 6. Awia bo nippa
David und Goliath	8. Shalom Chaverim *T & M: traditionell aus Israel* 9. Gestern, heute und morgen *T & M: Herbert Adam*	7. Shalom Chaverim 8. Gestern, heute und morgen
Der Wolf von Gubbio	10. Gubbio-Song *T & M: Markus Hoffmeister* 11. Wolf von Gubbio *T & M: Markus Hoffmeister* 12. Laudato si *T: traditionell · M: Markus Hoffmeister*	9. Gubbio-Song 10. Wolf von Gubbio 11. Laudato si
Noahs Taube	13. Noahs Lied *T & M: Markus Hoffmeister* 14. Regenbogenfarben *T & M: Herbert Adam*	12. Noahs Lied 13. Regenbogenfarben
Die Träne der Schlange	15. Freunde-Song *T & M: Markus Hoffmeister*	14. Schlangenmusik 1 15. Schlangenmusik 2 16. Schlangenmusik 3 17. Freunde-Song
Die Welt geht unter	16. Huate lenno maote *T: Nordamerika · Bearb.: Markus Hoffmeister* 17. Trommel-Mutmachlied *T & M: Markus Hoffmeister*	18. Huate lenno maote 19. Trommelkanon *M: Markus Hoffmeister* 20. Trommel-Mutmachlied
Viele Farben hat das Licht	18. Viele Farben hat das Licht *T & M: Markus Hoffmeister*	21. Aufbruch *M: Markus Hoffmeister* 22. Viele Farben hat das Licht
Trommelübungen		23. Einstiegsrhythmen 24. Tiertrommelkarten
Tschüss!	19. Das Trommelreise-Lied *T & M: Markus Hoffmeister*	25. Das Trommelreise-Lied

Register

An den CDs haben mitgewirkt:

Sologesang:
Josi Ridder aus Münster und
Markus Hoffmeister

Chorgesang:

Der Kinderchor „Die Wersesisters" aus Albersloh:
Marietta und Magdalena Voss, Sandra und Kerstin Leppelmann, Emma und Alida Schröder

Der Kinderchor aus Drensteinfurt:
Jil Bastigkeit, Anna Erpenbeck, Marius Meyer, Janine Knabe, Alina Göbel, Laura Suntrup, Johanna Wieland, Mara Schemmelmann, Max Bolsmann, Pia Loreen Westingmann, Kim Alina Möllers, Anja Buthe, Lea Klyszcz, Dorothee Braukmann, Martin Niesmann, Joana Heimken, Johanna Böcker unter der Leitung von Mirjam Kaduk

Instrumentalisten:
Withold Grohs (Saxophone) und
Joachim Fischer (Clarinette)

Produktion:
Markus Hoffmeister

Musik:
Markus Hoffmeister

Aufnahme und Mastering:
Breestudio Albersloh

Trommelreise

Projekttage für Kindergärten und Grundschulen

Mit Trommelgeschichten, Tänzen und Liedern entdecken die Kinder auf einer besonderen Reise fremde Welten und Kulturen. Sie erleben sich und andere hautnah und können im gegenseitigen Aufeinanderhören den respektvollen Umgang miteinander einüben.

Ein Erlebnis für die ganze Einrichtung

Am Vormittag machen sich die Kinder in drei Gruppen auf die Reise und erfahren in den Trommelgeschichten und Liedern jeweils unterschiedliche Elemente. Am Nachmittag kommen dann alle drei Reisegruppen zusammen und zeigen sich gegenseitig ihre Erlebnisse. Dabei entfaltet sich ein Trommelfest der Kulturen, wozu alle Pädagogen, Eltern und Geschwister eingeladen sind. So mündet die Trommelreise in ein Erlebnis für die ganze Einrichtung. Bis zu 400 Trommeln erfüllen die Halle mit einem unvergesslichen Klang.

Die Trommelreise fördert ...

... das Selbstwertgefühl des einzelnen Kindes.
... das Gemeinschaftsgefühl der Kinder und Schüler untereinander.
... die Kreativität und Interaktion.

Die Trommelreise entdeckt ...

... die Gemeinsamkeiten der Religionen.
... die Faszination an den uralten Erzähltraditionen.
... die Neugier an fremden Kulturen.

Haben Sie Interesse?

Markus Hoffmeister · TheoMobil e.V. · Kirchplatz 14 · 48324 Sendenhorst
Telefon 02535-953925 · E-Mail hoffmeister@theomobil.de

CD 1 · Nr. 19
CD 2 · Nr. 25

Der Projektsong:

Das Trommelreise-Lied

Text und Musik: Markus Hoffmeister

1. Strophe: … wir trommeln laut und leise …
2. Strophe: … wir klatschen laut und leise …
3. Strophe: … wir klopfen laut und leise … (auf der Schulter vom Nachbarn)
4. Strophe: … wir rufen laut und leise …

Am Ende jeder Strophe (siehe Wiederholungszeichen) werden die bis dahin getrommelten Elemente hintereinander getrommelt.

Ende der 2. Strophe:	trommeln – klatschen
Ende der 3. Strophe:	trommeln – klatschen – klopfen
Ende der 4. Strophe:	trommeln – klatschen – klopfen – rufen

Uns begegnet in diesem Lied wieder ein bekannter Rhythmus:

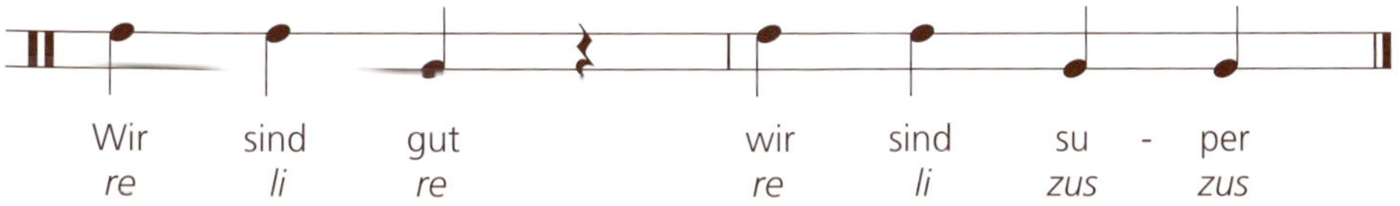

Fortbildungen für pädagogische Fachkräfte

Trommelgeschichten sind eine große Bereicherung in der pädagogischen Arbeit mit Kindern. Sie vermitteln uralte Lebensweisheiten mit Leib und Seele und fördern gleichzeitig die soziale Kompetenz des Einzelnen und die gesamte Gruppenatmosphäre.

Die Kunst des Trommelerzählens vermittle ich in meinen Fortbildungen. Hier gebe ich eine Einführung in das Grundkonzept und vermittle konkretes Handwerkzeug für die eigene Praxis.

Gemeinsam erzählen wir mit den Trommeln uralte Weisheitsgeschichten aus fremden Kulturen. Hinzu kommen Tänze, Lieder und Singspiele.

Kontakt:

Markus Hoffmeister / TheoMobil e.V.
Kirchplatz 14 · 48324 Sendenhorst
Tel. 0 25 35 - 95 39 25 · E-Mail hoffmeister@theomobil.de

Weitere Informationen finden Sie unter:
www.trommelgeschichten.de

Der Autor

In der 5. Klasse musste ich einmal im Fach Deutsch einen Aufsatz schreiben: „Was ich einmal werden will!"

Für einen gerade mal 11-jährigen Lausbub keine einfache Aufgabe. Dennoch hatte ich schon damals eine genaue Vorstellung von meinem Werdegang.

Und so schrieb ich:

„Ich möchte so werden wie Heinz Rühmann oder ich werde Pastor." (Weil mir die bunten Gewänder so gut gefielen.)

Ganz genau haben sich diese Berufswünsche nicht erfüllt, dennoch zeigte der Blondschopf von damals eine verblüffende Intuition: 10 Jahre später begann ich mein Theologiestudium und kurz darauf meine Ausbildung zum Spiel- und Theaterpädagogen.

Heute lebe ich mit meiner Familie auf dem Lande in Albersloh. Als Theologe und Theaterpädagoge möchte ich den Glauben ins Spiel bringen.

Damit stehe ich nicht allein. Im Rahmen des Vereins Theomobil e.V. versuche ich mit einigen TheologInnen, PädagogInnen und KünstlerInnen Kunst, Kultur und Religion in einen Dialog zu bringen. Die Djembe und die Musik begleiten mich dabei schon seit langer Zeit.

Musik – Erzählung – Glaube – Theater

All diese Elemente haben sich irgendwann gefunden und verbinden sich nun in den Trommelgeschichten, die ich seit einigen Jahren erforsche, entwickle und inszeniere.

Ach übrigens, die Lehrerin von damals wusste meinen prophetischen Aufsatz nicht zu schätzen und gab mir eine Fünf.

Wie gut, dass Noten nichts zu sagen haben …

Herzlichen Gruß

Markus Hoffmeister

TheoMobil

RELIGIONS- & KULTURPÄDAGOGISCHE
PROJEKTARBEIT

TheoMobil e.V.

… ist ein einzigartiges Projekt in Deutschland. Der Verein aus dem Münsterland steht für kunterbunte Projekte und qualifizierte Weiterbildung zwischen Religion und Kulturpädagogik.

Schauen Sie sich mal um unter www.theomobil.de

TheoMobil e.V. · Kirchplatz 14 · 48324 Sendenhorst
Telefon 0 25 35 - 95 39 25 · E-Mail kontakt@theomobil.de

CD „Bei dir dürfen wir leben"

Alle Songs auch mit Liedtexten und als Playback-Version.
So können alle direkt zur Musik mitsingen.
Für 12,– EUR inkl. Versand zu bestellen unter:
hoffmeister@theomobil.de

CD „Viele Farben hat das Licht"

Uralte Geschichten und viel Musik führen in 90 Minuten durch die Welt der Religionen.
für 16,50 EUR inkl. Versand zu bestellen unter:
hoffmeister@theomobil.de

Danke …

… sage ich allen, die mitgewirkt, gesungen, gehört, getrommelt, gebastelt, gespielt, gemalt, überlegt, korrigiert, ausprobiert und inspiriert haben.

Viele Menschen haben dazu beigetragen, dass die Trommelgeschichten lebendig wurden.

Ein besonderer Dank gilt natürlich meinen Lieben zu Hause, deren Ohren oft strapaziert werden und die mich stärken und stützen.

Und zuletzt sage ich allen jenen Pädagoginnen und Pädagogen Danke, die sich dafür einsetzen, dass unsere Kinder nicht zu Leistungs- und Bildungsmaschinen herangezüchtet werden, sondern dass sie sich zu freien und selbstbewussten Menschen entwickeln können.

„Fantasie und Liebe – das ist das Wichtigste, was wir unseren Kindern geben können."

Astrid Lindgren